为什么王岐山推荐阅读《旧制度与大革命》
法国大革命对当下中国有何启示

现在为什么要读《旧制度与大革命》

皇甫中 ◎ 主编

WEISHENME YAODU
JIUZHIDU YU DAGEMING

红旗出版社

图书在版编目（CIP）数据

为什么要读《旧制度与大革命》/ 皇甫中主编．
—北京：红旗出版社，2013.1
ISBN 978-7-5051-2540-7
Ⅰ．①为… Ⅱ．①皇… Ⅲ．①法国大革命－研究
②史评－法国－近代 Ⅳ．①K565.41
中国版本图书馆CIP数据核字（2013）第010291号

书　　名	为什么要读《旧制度与大革命》
主　　编	皇甫中
出 品 人	高海浩　　责任编辑　李少军
总 监 制	徐永新　　封面设计　红汇·一品
出版发行	红旗出版社　　地　　址　北京市沙滩北街2号
邮政编码	100727　　编 辑 部　010-51631884
E-mail	hongqi1608@126.com
发 行 部	010-64024637
印　　刷	北京中印联印务有限公司
开　　本	787毫米×1092毫米 1/16
字　　数	143千字　　印　　张　13
版　　次	2013年1月北京第1版　2013年1月北京第1次印刷
ISBN 978-7-5051-2540-7	定　　价　28.00元

欢迎品牌畅销书项目合作　　联系电话：010-84026619
凡购本书，如有缺页、倒页、脱页，本社发行部负责调换。

出版说明

1856年、法兰西第二帝国、亚历克西·德·托克维尔、旧制度、大革命——几个简单的元素，奏响了一曲通幽探微的历史交响。

2013年、中华人民共和国——越过150多年，这曲法兰西交响仍回荡在亚欧大陆东端的千年古国。

法国大革命200余年来，反省沉思不断，最重要的一位论者，当属托克维尔。托氏有生之年离大革命不过六十载，他看到革命产生民粹，民粹孕育暴政，暴政又轮回独裁。革命并非孕育于贫穷时期，却发生在经济繁荣之时。托氏曾警告，如此悲剧，因人性的阴暗和弱点，若不约制，必定重演。

历史如此奇妙，思想洞穿时空，托克维尔的声音从历史中来，裹挟着法兰西民族的平等与自由之梦，撞击着今天中国人的头脑。今人读来，托氏之文仍璨然有光，如珠落玉盘，叮咚一片。

编此小集，不免拾珠遗珍，总归而言，此集不过想融通中西，以托氏之意反观己身，以200余年前法兰西之情状，看今日中国。看官民目光为何齐聚此书？看一本老书为何突然洛阳纸贵？看今日中国如何顺利转型？

且看《旧制度与大革命》对今日中国之启示。

目录

代前言 高毅：托克维尔、《旧制度与大革命》及其现实意义 ……………………… 1

第1编 文本：解析《旧制度与大革命》

李宏图： 封建权利与大革命的爆发
　　　　——读托克维尔的《旧制度与大革命》之一…… 12

李宏图： 从改革到革命
　　　　——读托克维尔的《旧制度与大革命》之二…… 20

薛理禹： 自由意识的失与得
　　　　——品读托克维尔《旧制度与大革命》………… 29

庞金友： 后革命时代的理性反思
　　　　——托克维尔《旧制度与大革命》的核心议题… 39

第 2 编 肖像：托克维尔笔下的法国大革命

崇　明：托克维尔的焦虑……………………………………… 50

刘北成：托克维尔关于法国大革命起因的解释…………… 60

任　玥：托克维尔笔下的旧制度与大革命………………… 72

连清川：复盘托克维尔的法国经验………………………… 82

谌旭彬：《旧制度与大革命》解读的七个问题…………… 89

王　韬：旧的新制度
　　　　——读《旧制度与大革命》……………………… 101

第 3 编 反思：《旧制度与大革命》与中国现实

朱学勤：出家、思凡、大还俗
　　　　——朱学勤谈《旧制度与大革命》之一………… 108

朱学勤："托克维尔线"
　　——朱学勤谈《旧制度与大革命》之二……… 122

张　鸣：新政与辛亥革命
　　——改革是否必然引发革命?…………… 129

刘　锋：思想家托克维尔对于中国的意义…………… 145

黄力之：旧制度的道义之失………………………… 152

刘晨光：旧制度、新制度与大革命………………… 160

杜　蘅：托克维尔与大众政治……………………… 165

附录：1789 年前后法国社会政治状况
………………………………………………… 169

托克维尔、《旧制度与大革命》及其现实意义

受访者：高毅　采写：王尔德

近日，中央政治局常委、中纪委书记王岐山在主持听取专家学者对反腐败工作的意见和建议的座谈会时，向与会专家推荐了法国历史学家、思想家托克维尔的《旧制度与大革命》一书。

这本书也因此备受关注。《旧制度与大革命》是法国历史学家亚历克西·德·托克维尔（Alexis de Tocqueville，1805-1859）的名著，原著出版于1856年，中文译本在1992年由商务印书馆出版，冯棠译，桂裕芳和张芝联校。

就《旧制度与大革命》的思想内容、价值与对当代中国的启示，本报（《21世纪经济报道》）专访了已故张芝联先生的弟子、北大历史系主任、我国著名法国史专家高毅教授。

法国大革命与美国的民主

《21世纪经济报道》：《旧制度与大革命》是托克维尔的最后一本书，这本书在托克维尔个人思想史上和法国思想史上具有什么样的地位？

高毅：托克维尔的主要著作有三本，即《论美国的民主》（上下卷，分别出版于1835年和1840年）、《回忆录：1848年法国革命》（1848年革命后不久即写就，但1893年才出版，其时托氏已去世34年）和《旧制度与大革命》（1856年出版）。

一个中心问题意识贯穿了托氏的这些著作，那就是如何面对正在席卷全球的政治民主化这个时代潮流，或者说如何在政治民主化的现代社会保障个人的自由。《论美国的民主》探讨的是在他看来是相当成功的美国经验，然而这种经验在旧大陆却也相当难以推行——他关于自己亲历的1848年革命的《回忆录》，其实就昭示了在欧洲（首先是在法国）建立这种美国式民主的艰难。他悲观失望，也气急败坏，《回忆录》中于是不乏对当时政坛名人的苛评，以至于该书只能在他辞世多年后才得以问世。至于《旧制度与大革命》，其实就是托氏对1848年法国民主政治失败的历史原因的一种追根寻源的考察。

《旧制度与大革命》主要讨论的是18世纪末法国大革命的起源，尤其是法国革命那种特殊的暴烈性或狂暴性的原因。实际上托氏想说的是，法国大革命的民主政治实践，体现了一种为追求社会平等而不惜牲牺个人自由的政治文化，而这种政治文化恰恰是从革命前的"旧制度"政治文化中蜕变出来的。由此，托氏首次揭露了旧制度与大革命之间的内在联系，开辟了大革命研究的一条新的思路：它试图在事实与思想、历史与历史哲学相结合的基础上，回答如下几个主要问题：为什么革命在法国比在其他欧洲国家更早发生？为什么路易十六时期是旧王朝最繁荣时期，这种繁荣却加速了革命的到来？为什么法国人民比其他欧洲国家人民更加憎恨封建特权？为什么在18世纪法国文人成为国家的主要政治人物？为什么说中央集权体制并非大革命的创造，而是旧制度的体制？等等。

这本书的学术性很强，虽然语言很平实，像是一种娓娓道来的聊天，但要读懂它还是需要有点世界近代史、法国革命史的知识准备；而且它微言大义，内涵极深，每读一遍都会有新的收获，因而要读很多遍才行，仅"看一下"是不够的。

《21世纪经济报道》：为什么在英、美、法三国的革命中，只有法国革命把革命前的制度称为"旧制度"，也只有法国革命才被称为"大革命"？

高毅：这是由法国社会特殊的社会历史条件决定的。较之革命时代的英国和美国，革命时代的法国不仅阶级矛盾太尖锐，或者说社会不平等的状况太严重，而且经过启蒙运动的洗礼，社会各界已普遍产生了彻底纠正这种不平等状态的强烈渴望。

简单说来，英国1066年才进入封建社会，封建贵族的势力发展不够充分。美国原本只是一些英国的殖民地，其居民都是身份平等的平民，根本不存在什么贵族势力。而法国就大不一样了。法国在中世纪就是一个典型的封建国家，贵族势力特别浩大，封建割据的状态极为严重。当时法国的大贵族，都是独霸一方的封建主，财大气粗，豢养了自己的军队，能和国王分庭抗礼。这种骄横的贵族也只承认暴力的逻辑，从来不屑于使用理性的方式，比如使用法律的武器来和王权作斗争。这样就导致法国始终没能出现像英国1215年《自由大宪章》那样的约束王权的法律文件，因此没有能够培养出自由主义的法治传统。这种情况下法国国家统一的任务也只能由国王用秦王扫六合的暴力征服方式来完成了。这种暴力征服之后形成了法国的绝对王权，也由此成为欧洲最典型、专制程度最高的君主制。特别强大的法国王权，很自然地会成为传统的贵族特权的有力保障，从而为后来法国革命增添了许多困难。

革命前的法国的社会结构，被划分为三个等级。这三个等级实际上也就是两个等级，一个是特权等级，一个是非特权等级。特权等级就是第一、第二等级，教士和贵族，无权无势的人就是第三等级，也就是平民等级了。特权等级，位高权重，在法国中世纪它享有各种优惠，不仅基本上垄断了法国的政府、军队和教会的高级职位，还拥有极庞大的土地财产，而且他们还不用怎么纳税。

可是，到了18世纪末这个时候，法国贵族还想在中世纪那样维护他们的特权已经行不通了，因为时代已经发生了重大的变化。经过几百年的发展，法国的平民等级，尤其是平民的上层资产阶级，在经济实力上已经达到了相当高的程度，已经有能力向贵族等级、贵族特权说"不"了。如此一来，一场异常激进的革命也就在所难免。而人民大众一旦被动员起来、被推上了政治舞台，这个革命也就小不了了。因此，法国大革命成为人类历史上第一次真正的、民主的革命。

如何看待和评价法国大革命

《21世纪经济报道》：出身贵族的托克维尔是如何看待法国大革命的？

高毅：托克维尔是19世纪最聪明的法国人之一，是富有前瞻性的自由主义政治思想家、历史学家。他出身贵族（文官型的"穿袍贵族"），其家族在大革命中蒙受了巨大的苦难，但仍能对大革命持客观、公允甚至部分肯定的态度，因为他深切认识到，自启蒙运动、美国革命以来，王公贵族的独占统治再也难以为继，民主已经是不可抗拒的历史大潮，法国大革命是在这个时代背景下必然要发生的一个事件，具有不容否认的历史必然性和正当性。

但作为自由主义者，托克维尔内心深处最珍视的还是"自由"的价值，并且终其一生，他都对民主政治对平等的重视有可能导致对自由的侵害，有一种深深的隐忧。这一点早在《论美国的民主》中就有所体现：一方面，他承认民主是世界潮流，另一方面他也担心，民主政治强调人人平等，搞得不好很有可能导致"多数人的暴政"。

他在《回忆录：1848年法国革命》中坦言："在思想上，我倾向民主制度，但由于本能，我却是一个贵族——这就是说，我蔑视和惧怕群众。自由、法制、尊重权利，对这些我极端热爱——但我并不热爱民主。……我无比崇尚的是自由，这便是真相。"

在美国革命和法国革命之间，托克维尔当然更认同美国革命，因为他感到美国革命建立的制度有效地削弱了多数的暴政，而法国革命在这方面则完全失败了。在《旧制度与大革命》一书中，他就明确表达了他对法国大革命的这种失望情绪，认为法国大革命没有处理好自由与民主（平等）的关系。在他看来，大革命本来是要建立一种能够保障个人自由的平等社会的，而这也正是"民主政治"的真谛，但是人们很快就忘记了自由，却甘当独裁者拿破仑统治下的"平等的奴隶"。

《21世纪经济报道》：作为我国研究法国史的著名学者，您如何评价法国大革命？

高毅：尽管法国大革命开启了政治民主化的世界潮流，但是法国革命并没有为我们提供一个实现政治民主化的理想模板。为什么？就是因为他们的革命太激进了。法国大革命充斥着一种平等主义的梦幻，还有一种"民族再生"也就是要实现"人尽舜尧"的道德狂想。同时，强劲的贵族社会传统还使法兰西民族养成了崇尚暴力的习惯，结果这个民族在它的革命中，自觉不自觉地总要诉诸专制的、专横的暴力手段，最终导致了其民主实验的流产。法国大革命的确一贯地带有某种和现代民主格格不入的专制主义气质，不是搞"议会专制"，就是搞"群众专制"，后来还滑向了拿破仑的个人独裁。

但是，我们也应该看到，法国革命的这种激进性也有一个不容抹煞的历史功绩，那就是通过对平等价值的执着追求，大革命不仅彻底捣毁了法国那种特别根深蒂固的封建制度，从而为人民主权在法国的实现开辟了道路，同时它还在世界历史的层面上，做出了一项英美革命所不能企及的贡献，这就是它以空前的力度高扬了人民民主的正当性。这正是英国革命、美国革命这种"小革命"做不到的事情。为什么人们公认具有划时代意义的、也就是开创了政治民主化的世界潮流的革命是法国大革命而不是英美革命，原因就在这里。

由此看来英美式革命和法国式革命各有自己的短处。英美式革命的短处在于，它片面地倡扬了自由的价值，而法国式革命的短处则在于它过于迷恋平等的价值。因此，这两种革命的经验实际上具有很强的互补性。也许只有将两者的思想原则有机地结合起来，才能建成比较健康的现代民主政治。

《旧制度与大革命》的现实意义

《21世纪经济报道》：您认为，《旧制度与大革命》这本书对我们今天有哪些启发意义？

高毅：就中国当下的形势和问题而言，《旧制度和大革命》主要能为我们提供这样几点启示：

第一，旧制度最大的弊端是统治者的腐败，只是在旧制度末期的时代条件下，这种腐败没有带来经济的凋敝，相反却促成了前所未有的物质繁荣（因为技术的发展带来了专门从事生产活动的被统治者即第三等级创造财富的效能的增长），然而也正是这种繁荣加速了大革命的到来——腐败的旧制度下的经济繁荣就这样成了大革命的催生婆。

第二，旧制度统治者的腐败，主要表现为贵族阶级的没落——这个中世纪以来的社会统治阶级，此时已随着王朝集权（绝对王权）的发展失去了它过去的社会管理职能，脱离了人民，却仍保持着种种令人憎恶的特权（主要是免税特权）和占据着高官显爵的尊崇地位，而且还越来越顽固地维护之，从而加剧了社会不平等这个旧制度的顽症，而这也正是引发法国大革命的根本原因。

第三，法国大革命的激越浪漫、血雨腥风，很大程度上缘起于其间法国特有的"文学政治"——即一帮在旧制度下没有政治自由也没有政治经验的文人掌握了权柄，这些人无知无畏，勇于标新立异，也"更热爱那些普遍的思想和体系，更蔑视古代的哲理，更相信他们个人的理性"，而造成这一局面的根本原因又应归结为旧制度言论自由的缺失——按托克维尔的原话来说，就是"政府的种种罪恶所造成的所有政治反对精神，既然不能在公共场合表现出来，就只能潜藏在文学之中，而作家已成为旨在推翻国家全部社会政治制度的强大政党的真正首领"。

（本文原题为《托克维尔的历史忧思：从民主政治到"多数人暴政"》，于2012年12月13日发表于《21世纪经济报道》）

第1编

文本：解析《旧制度与大革命》

封建权利与大革命的爆发

——读托克维尔的《旧制度与大革命》之一

亚历克西·德·托克维尔是十九世纪法国著名思想家。1805年出生于贵族家庭,1835年,以出版《论美国的民主》一举成名,成为了19世纪中期法国自由主义的代表性人物。此后,积20年的思考,在去世前的1856年出版《旧制度与大革命》,解释法兰西民族的革命命运。在这本书里,人们看到的不是作为贵族家庭出生的他对革命的激烈批判,而是超常冷静地思考。他既看到了法国大革命在历史中的意义,也冷静而不偏激地去探寻大革命为什么会爆发,以及革命的走向。更重要的是,这本书并非仅仅是对法国大革命进行的社会学分析,更是对革命者要摧毁的"旧制度",以及革命后"旧制度"又不断重建的现实作出的历史性分析。而这才是作为自由主义者的托克维尔留给后人的弥足珍贵的思想遗产。

1789年7月14日,巴黎人民攻占了象征旧制度的巴士底狱,革命随之爆发。其实对这场革命,革命前的一批启蒙思想家早已作出了预见,伏尔泰说道,我所看到的一切正在播下一次必将发生革命的种子。卢梭也说,我们正接近危机状态和革命的时代:谁能预见你们那时将会变成怎样呢?而在革命发生后,后人将此称之为是一场"大革命",在世界历史进程中曾经发生了多次的革命,而只有法国革命才属于"大革命",由此可见这场革命对于法国和对于世界的意义。正因如此,英国著名历史学家霍布斯鲍姆将它与英国的工业革命相提并论,冠之为"二元革命"。

  法国大革命发生后,立刻成为了后世历史学家研究的重点,无论是米什莱所开创的革命史研究,还是以勒费伏尔、索布尔为代表的马克思主义的解释,在大革命两百周年中出现的修正学派,以及新文化史的新的反思无疑都将目光投向了法国大革命,他们的努力不仅是在解释革命进程本身,更重要的是在回答为什么会在此时此刻发生革命。正是在这样的追问中,人们发现了19世纪中期的著名思想家托克维尔,正是他较早地也更为犀利地剖析了革命是如何在革命前的"旧制度"中生成,进而爆发并决定了革命的未来走向的。正如托克维尔所说,没有任何事情比法国大革命史更能提醒哲学家、政治家们要谦虚谨慎,因为从来没有比它更伟大、更源远流长、更酝酿成熟但更无法预料的历史事件了。它绝不是一次偶然事件。的确,它使世界措手不及,然而它仅仅是一件长期工作的完成,是十代人劳作的突然而猛烈的终结。

  尽管难以预料,但历史学家仍然努力在找寻,其中线索之一就是在思考革命的经济基础。在我们通常所受的教育中，一谈到革命总是和经济危机、民不聊生等直接联系起来，中国历代农民起义的悲惨境况就是典型，由此所形成的革命原因的表象就是，革命总是在经济危机中爆发。而对于法国大革命来说，问题正好相反，它不是爆发于经济的危机，恰恰相反，它是出现在经济繁荣之中。从18世纪30年代到1770年，法国经济一直是快速而稳定的增长，农业收成良好，人口增长，海外贸易也在发展。特别是与广大农民相联系的农业一直处于很好的发展状态。如果说有危机的话，那也是国家的财政危机，和周期性的经济波动而不是整个国家的经济危机。

那么，为什么革命会在一个经济繁荣的时刻爆发？历史学家常常将1740到1770年持续的经济增长称之为路易十五的黄金时代。恰好从1771年开始，法国遇到了周期性的经济波动，持续到1789年。这一经济波动的主要特征就是物价高涨，财富分配不平衡。据统计，在1771—1789年间，食品和商品的价格平均上涨率为45%，而1785—1789年的上涨率则达到了65%。其中小麦价格增长了66%，黑麦价格为71%，肉类价格67%，木柴价格增长了91%，葡萄酒则为14%。而到了1789年，小麦价格上涨达到了127%，黑麦为136%。当然有历史学家认为这一时期的人口快速增长增加了对农产品的需求，导致了价格上涨。价格上涨使普通的人民受到了影响，但对有些阶层来说，却从中获得了益处。如收实物地租的地主，十一税征收者，领主，商人，而这些人恰恰都属于贵族阶级、僧侣或资产阶级。由此，就涉及到法国已经存在的封建权利及其变动的问题。

在法国，农民的负担最为沉重，大体上可以分为这样几种，首先是王室负担，包括军役税、人头税和二十分之一税，还有沉重的间接税。同时，农民还要承担一些筑路徭役等；其次是向教会交付的十一税；最后是领主的对农民封建权利的压迫。这一领主权包括狩猎、捕鱼、养鸽的独占权和桥路税、市场税的征收权，使用农民的个人徭役权以及垄断性的专利权，如农民对磨房、压榨器和烤炉的使用税。领主还拥有物权，如支配土地的权利，为此，农民要向领主缴纳年赋，农民由于出售土地或者继承地产引起使用权的变化要缴纳地产转移和出售税。

这些负担导致了农民收入的直接减少，再加之由于农业生产原料价格上涨，致使农民生活陷于困顿和痛苦。像托克维尔所说，农民看起来不再承受其先辈所遭受的全部苦难，但他却经受着其先辈闻所未闻的许多痛苦。而更重要的是，由于贵族对农村的治理方式和土地所有权的变化直接引发农民对这些封建权利的强烈不满。

在传统的贵族制度下，农村的治理是以贵族为中心来进行的，他在自己的庄园里享有司法权，对自己管辖的农民有救济的义务，同样，他也确保自己的领地里的公共秩序的良好治理。但自路易十四开始加强中央集权后，就摧毁了封建领主对农村的管辖和治理的权力，由此，导致的结果就是，封建领主享有的封建特权依然存在，而其负责的对农民的救济以及其他农村治理的义务却全部丢弃，两者间的不平衡使得现存的封建特权的存在变得特别令人厌恶。请看托克维尔对此的精辟分析：当贵族不仅拥有特权，而且拥有政权时，当他们进行统治管理时，他们的个人权利更大，却不引人注意。在封建时代，人们看待贵族近似于我们今天看待政府：为了取得贵族给予的保障，就得接受贵族强加的负担。贵族享有令人痛苦的特权，拥有令人难以忍受的权利；但是，贵族确保公共秩序，主持公正，执行法律，赈济贫弱，处理公务。当贵族不再负责这些事情，贵族特权的分量便显得沉重，甚至贵族本身的存在也成为问题。

　　不仅如此，随着时代的变化，关于农民的土地权利，特别是土地所有权发生了变化，有的农民获得了自己的土地，即使租地的农民，也对土地提出了自己的要求。于是，可以看到，一方面是农民开始得到了自己的土地，但这种产权是不完整的，按照今天经济学的理论来说，就是产权的残缺。因为，对照依然存在于土地之上的封建领主的封建权利，农民要把自己生产出来的很多产品无偿地上交给封建领主，他无法获得自己生产的全部物品。因此，在产权残缺的情况下，农民们的愤怒也就可以理解，他们思考的就是如何摧毁加之于他们身上的这些贵族的封建权利，一旦得到任何一种机会，他们就会揭竿而起，为自己的权利而斗争。1789年大革命前的农民就处于这样的状态。这里要详细地引述托克维尔的分析：请你们想象一下18世纪的法国农民，或者想象一下你们熟悉的农民，因为法国农民始终如一：他的地位变了，但性格并未变。看一看我引用的文件所刻画的农民吧，他酷爱土地，用全部积蓄购买土地，而且不惜任何代价。为了得到土地，首先他得付税，不过不是付给政府，而是付给邻近的地产主，这些人和他一样与政府毫不相干，差不多和他一样无权无势。他终于有了一块土地，他把他的心和种子一起埋进地里。在这广阔的天地里，这一小块地是属于他本人的，对此他心中充满自豪与独立感。可是那同一帮邻人跳了出来，把他从他的地里拉走，强迫他无偿为他们在别处干活。他想保卫他的种子不受他们的猎物的糟塌，可是那帮人阻止他这样做。

他们守候在河流渡口，向他勒索通行税。在市场上，他又碰上他们，必须向他们交钱以后才能出卖自己生产的粮食。回到家中，他打算把剩下的麦子自己食用，因为这是他亲手种植，亲眼看着长大的，可是他不得不到这帮人的磨坊里磨面，用这帮人的烤炉烘面包。他那小块土地上的部分收入成了交给这帮人的租金，而这些租金不能赎取，也不受时效约束。

不管他干什么，处处都有这些讨厌的邻人挡道，他们搅扰他的幸福，妨碍他的劳动，吞食他的产品；而当他摆脱了这帮人，另一帮身穿黑袍的人又出现了，而且夺走了他的收获的绝大部分。请设想一下这位农民的处境、需求、特征、感情，并计算一下，若你能够的话，农民心中郁积了多少仇恨与嫉妒。

封建制度已不再是一种政治制度，但它仍旧是所有民事制度中最庞大的一种。范围缩小了，它激起的仇恨反倒更大，人们说得有道理：摧毁一部分中世纪制度，就使剩下的那些令人厌恶百倍。

从封建权利的视角来看，革命的爆发并非一定是历史的必然，如果贵族阶级能够更早一些放弃这些封建权利，而不是等到大革命爆发后的 8 月 4 日之夜，那么，历史也许就是另外一种路径。同样，如果王权在强化自己的专制权力和行政权力的同时，不是仅仅抽走了贵族在利益上对农民应尽的责任，只留下了封建权利的话，那么，这些封建性权利也许就没有这样凸显出来，并让农民只是单方面地作出经济利益上的牺牲，不能获得任何回报。因此，这也就不难理解，当农民直接面对庞大的贵族特权时，只要给以适当的时机，他们内心所积压的愤怒迟早将要爆发出来的。1789 年 7 月 14 日的革命尽管只是在巴黎城市中发起，但随后迅速蔓延到了全国，由此，农民也开始进入到了革命的进程中，并将革命推进得更为广阔和激进也就变得顺理成章，完全可以理解了。

法国大革命的爆发改变了一些历史学家常常所说的革命是爆发在经济危机的时刻，相反，托克维尔说大革命是在经济繁荣的情况下而爆发的。他还说，革命的发生并非总因为人们的处境越来越坏。法国另一位历史学家马迪厄也说：这次革命并非爆发在一个贫穷的国家里，反而是在一个正在极度繁荣的国家里。贫困有时可以引起骚乱，但不能造成伟大的社会激变。社会的激变往往是起于阶级间的不平衡。也可以说是在权利和义务之间的严重不平等。而正是这样的不平等导致了对现行体制的怨恨。托克维尔说到，在法国，随着我刚刚描述的繁荣的发展，精神却显得更不稳定，更惶惑不安；公众不满在加剧；对一切旧规章制度的仇恨在增长。民族明显地正走向革命。的确，这样的结论值得我们深思。正因为如此，在大革命之后，作为大革命见证人的拿破仑才这样说到，1789年的革命是全国群众向特权阶级的总攻击。革命的主要目的是废除这些特权，肃清这些流弊，破坏古老封建制度残存的东西，砸碎束缚人民的最后锁链，使每个公民负担国家的费用和赋税。革命——建立了权利的平等。

李宏图

从改革到革命

——读托克维尔的《旧制度与大革命》之二

1774年,路易十六登基执政,此时,他才20岁。虽然年轻,但他却看到了"旧制度"的种种弊端。在这样的体制中,只有贵族是享有特权的,他们不仅可以免税,还享有其他种种特权。正是在这样不合理的分配中,整个国家在经济上虽然繁荣,但却在财政上连年亏空。造成这种困境的主要原因是国家的税收制度弊端百出,征收方法混乱和纳税不平等。这种不平等就在于贵族特权阶级自私自利,拒绝承担纳税。对此法国历史学家索布尔说道:税收制度的弊端尤其使王权实力大为削弱,捐税分派不均,征收不当,以至不见收益。税收负担全落在贫困者身上,使他们更加怨声载道。

同样,18世纪随着资本主义的发展,一种新的力量正在形成,这种力量开始推出了自己的要求。他们不能再像从前一样承载着整个国家的重负,但却享受不到任何政治权利。现在,他们开始提出了自己的要求。正如革命前的巴纳夫所说,当工艺和贸易得以深入到人民之中,并且为劳动阶级创造出新的致富手段时,一场政治法律范围内的革命便开始酝酿了,新的财富分配导致新的权力分配。如同占有土地使贵族阶级提高了地位一样,工业财产正在使人民的权力增加。按照法国大革命历史学家索布尔所说,这里的"人民",应该理解为资产阶级。

这样,专制体制的暴政和不合理性自然引起了种种不满和反抗,声势浩大的启蒙运动的爆发自然是其典型的体现。从伏尔泰、孟德斯鸠、狄德罗到卢梭,他们举起了理性的大旗来批判专制统治,用人权来对抗王权和封建特权,用自由和平等来反抗压迫和不公正,要建立一个符合人的理性和权利的新社会。这场运动直接动摇了旧制度的合法性,难怪路易十六后来在监狱里读到他们的这些著作时感叹道,是伏尔泰和卢梭的著作灭亡了法国。

这就是路易十六当上国王之后所面临的局面。面对此种情境,新的国王该如何治理这样一个庞大而又被旧制度缠绕的国家,他该如何去进行选择。面对这种困境,路易十六也看到了现存的专制"旧制度"必须要进行改革,但现在,当务之急是要解决国家的财政危机,因此,在路径的选择上,路易十六决意要借财政问题向贵族开刀,并且对让人生厌,举国怨恨的"旧制度"进行改革。这种改革,是前所未有的一项举动,是一次事关国家前途的关键性的改革。

路易十六当政后,首先任用了73岁的重臣莫普,想借他的威望和经验来帮助他理顺现存体制的混乱,但这样的目标没有实现,国王旋即起用有新思维的杜尔阁。杜氏上任后，制定了一个宏大的计划，准备取消一切奴役，一切特权。具体来说，他建议免除农民的徭役，取消省界的壁垒，废除贸易的关卡，振兴工业的发展，最重要的是让贵族和僧侣同第三等级享受一样的税率。在政治上，他想利用现存的省议会的途径，扩大政治开放，让人民能够获得政治权利，参与国家的政治生活。这项改革，按照路易十六的说法，杜尔阁和他自己是想要为人民谋求利益。但是，这项改革计划由于受到特权阶级的反对而无法推进，在特权阶级的一片反对声中，路易十六只好免去了杜尔阁的职位，改由马尔泽布尔来继任。与杜尔阁一样，马尔泽布尔也是主张要给每一个人以权利。在法律上，取消拷打逼供，给被告人以辩护的权利；在政治上，取消国王的"密札"和新闻出版检查，让所有人都有人身安全，让人有言论出版自由；在宗教上，反对宗教迫害，实现宗教自由。由于他的改革与杜尔阁差别不大，依然无法进行，他也同样落了个下台的结局。随后克吕尼走马上任，但好景不长，仅仅六个月他就下了台。继任者为大名鼎鼎的瑞士银行家内克，他接受了前任的经验教训，他的改革目标不像前任那样操之过急，要革除一切弊端，而是仅仅限于财政问题和与财政相关联的一些内容。紧缩开支，量出为入。平时的国家开支主要靠税收，在紧急情况下，才发行公债；税率由省议会来决定，建立把收支数目公布的制度以利公债的发行。事实上，聪明的内克把对体制的改革隐含在了财政的改革之中，因为要发行公债，必须要有信用，这就要求行政公开；同样，税收要人民同意，也就意味着人民要分享政权，参与政治。于是，财政的问题也就自然关连到国家的政治体制问题。尽管内克在改革方案的设计和措施上都已经是非常谨慎，但仍然不能为特权阶级所容。1781年，就在他抛出财政改革"报告书"几个月后，他就被迫辞职，再次成为改革的牺牲者。内克之后，由卡隆接任，上任后，他一反内克所提出的方案，采用刺激消费的方法来解决财政问题。事实上，这一方法也不为接受。于是，布里埃纳走马上任。经历了前面这么多任的失败改革，此时的他也无良策，他提出的开征税收的方案也不为接受。现实的状况表明，小修小补是无济于事的。于是，他觐见国王，说道："倘使要保持国家的安全，零碎的办法是无济于事的，必须将整个根基改造才可使之免于倾毁……"加税已不可能，老借债只是毁灭，单注目于经济改革是不够的。唯一可取的途径，唯一真正能够使国家财政走上轨道的方法，就是清除国家组织中的一切有害的东西，只有这样方能使国家重新恢复生机。为此，布里埃纳提出以纳税平等，建立省议会为核心的新计划。其主要内容为，统一税收，在经济上，实行谷物贸易自由，取消关卡，统一国内市场；政治上，建立以财产为基础的各级议会。当这样的改革方案提交给"显贵会议"讨论时，特权阶级死保他们的权利不受到一点点损失，坚决抗议这一计划。在特权阶级的抗议下，改革再次失败，1787年4月4日，他被解职。在这样的状况下，1788年8月，国王重新召回内克，希望以他的理财能力来解决这场财政危机，并重新推进改革。

内克上台后，面对贵族的反抗，只能采取新的方法。这样，我们看到，从莫普到内克，其方针的指导思想是希望贵族们能够识大体，顾大局，主动放弃一些自己的特权和利益。但是，令人惋惜的是，贵族们根本不愿意这样做。在这样的情况下，要想拯救危机中的国家，只有召开多年没有行使过权利的三级会议了。1788年的8月8日，国王同意在第二年的5月召开三级会议。

1789年的5月5日，三级会议如期召开。早在1789年1月，当时就有人预言道，"公共争论的情况大为改变。国王、专制主义与宪法在争论中只占极为次要地位，第三等级与另外两个等级之间的战争开始了。"历史的实际进程的确证明了这一点。

在三级会议开幕式上，当国王走进会场时，全场热烈鼓掌。随后国王发表了热烈的讲话：诸位先生们，我殷切期待的这一天终于来到了，现在我的周围，是我荣幸地统领的国家的各方代表。自从上次三级会议召开以后，已经过去了很长一段时间；尽管召开这样的大会似乎有点过时，但我仍然坚持要恢复旧传统召开三级会议，因为王国可以从中吸取新的力量，因为它可以为国家开辟新的幸福源泉。他还说，人们所能期望的一切，从最小利益到公众的幸福，都可以指望得到我的关切。诸位先生们，我希望会议能够和衷共济，希望这个时期对于王国的繁荣幸福将永远成为不能忘怀的时期，这是我衷心的愿望，最热忱的祝愿；这是我，由于我的正直意图和对人民的爱所期待得到的报偿。他还说，我希望像我曾经设想的那样，各个等级意见一致，同我一道促进国家的普遍利益，决不使希望落空。

但令国王万万没有想到的是，他希望能够在现有的体制和程序内解决问题，但会议期间，由于第三等级提出不按照传统的等级投票表决，而改变为按照人数进行投票。对此提议，贵族阶级全然拒绝，因为同意这一提议就意味着第三等级由于人数占优而便于通过有利于第三等级的议案。在这一情况下，第三等级退出三级会议，自己单独组成国民议会，要代表全体国民来为国家制定宪法。这一举动不仅意味着对体制的重大改变，也由此拉开了革命的序幕。6月20日，第三等级在"网球场宣誓"，宣布从此独立议事，不再和第一、第二等级一同开会。穆尼埃说道，国民代表们的权利和尊严遭受了侵犯，他们百倍警惕一切险恶阴谋和唆使国王采取有害措施的企图。因此，他们应该以一项庄严的誓约把自己同公众命运和祖国利益结合起来。

此时，革命已如箭在弦上。而就在这样的关键性时刻，路易十六却犯下了致命性的错误，他没有冷静地看到应该顺应第三等级的这一要求，反而错听了属下的建议调集了军队来威胁第三等级。6月23日，国王率领士兵进入到了第三等级命名为国民议会的会场，并且这些代表说，如果你们在这项如此美好的事业中背弃我，我将单独为我的人民谋求福利，先生们，我现在命令你们立即解散，并于明天早上在为各等级准备的大厅继续讨论。面对此，米拉波说，只有靠刺刀的力量才能使我们离开我们的座位。于是，双方展开了冲突。随后的一系列演进步步走向革命的方向。7月14日，人民群众攻占巴士底狱，以此为标志，革命正式爆发。而当手下向路易十六报告这一消息的时候，国王压根就没有想到这已是革命,说到,这不是造反吗,而大臣却说,不,陛下,这是一场革命。由此,国王原意召开三级会议共商国是进行改革宣告失败,或者可以说,本想以改革为开端但却走上了革命的道路。

时至今日,人们还在为路易十六之死而感到扼腕痛惜,但历史总归无法挽回。回顾路易十六的一生,他的确是一个悲剧性的人物。从1774年开始执政一直到1789年的革命爆发,路易十六一直不停地在进行改革,因为他看到了"旧制度"的弊病,他要顺应时代发展的潮流,除旧布新,希望通过体制内的渐进改革来完成体制的新旧转换。所以,他将改革的重点指向了"旧制度"的中心——贵族及其特权。但恰恰在这里,困难最大,阻力最大,由于贵族的反对致使改革无法推进。究其原因,这是路易十六的个性使然,或者说也是他的错误。因为在路径的选择上,他没有首先在外围进行改革,然后直指中心,同时,他也没有使用铁腕来保证改革的进行。历史告诉我们,改革要有权威来作为保证,改革要先选择好目标。对此,正如法国著名历史学家米涅所说:路易十六,以他的胸怀和品德来说,是最适合于他那个时代的君主。当人们对独断专制的政治体制不满时,他就自愿地放弃这种专制的做法;当人们对路易十五的宫廷的荒淫挥霍感到愤恨时,他品行端方,生活俭朴。当人们要求作一些必要的改革时,他也能够体察公众的需要并立意要给予满足。但是,改行仁政和继行暴政都是困难的,因为要改革,就要有力量使贵族特权阶级服从改革。在这一改革的过程中,路易十六缺乏一种极端坚强的意志,实际上只有这样的意志才能完成国家的重大变革。他头脑清楚，心地正直、善良，但是性格不够坚定，在他的所作所为中缺乏坚持到底的精神。他的改革计划所遇到的阻力是他所意想不到的，也是他未能加以克服的。同样，在改革中，他也没有调整好贵族阶级和第三等级之间的冲突，特别是如何解决贵族阶级特权利益问题，当贵族阶级全然没有像国王所说的要站在全国的普遍利益角度看问题，拒不承担应尽的缴税义务时，国王没有拿出任何举措来应对这样的利益集团。因此，正如在历史上我们常常看到一个拒绝改革的君主遭到毁灭的结局那样，路易十六是由于尝试改革而毁灭了。的确，任何一个君主，当他在启动了除旧布新的体制改革后，如果不能掌控这场改革进程的话，那么这场改革的终极目标就将是旧制度的自我毁灭。请看托克维尔对此的精辟分析：对于一个坏政府来说，最危险的时刻通常就是它开始改革的时刻。只有伟大的天才才能拯救一位着手救济长期受压迫的臣民的君主。人们耐心忍受着苦难，以为这是不可避免的，但一旦有人出主意想消除苦难时，它就变得无法忍受了。当时被消除的所有流弊似乎更容易使人觉察到尚有其他流弊存在，于是人们的情绪便更激烈：痛苦的确已经减轻，但是感觉却更加敏锐。封建制度在盛期并不比行将灭亡时更激起法国人心中的仇恨。路易十六最轻微的专横举动似乎都比路易十四的整个专制制度更难以忍受。改革让农民得到了一部分成果，或者说去掉了一部分封建特权，但是余下的却更为不可忍受。

　　法国历史学家索布尔曾经这样写道，1760—1788年间君主国家一次次改革尝试都归于失败，其主要原因并不在于路易十五的麻木不仁及其后任的软弱无能。实际上，是国家的发展逻辑与君主制的贵族阶级性质这两者之间的矛盾。而另一位历史学家孚雷则解析道，18世纪的君主制国家远不是反动的或被私利束缚住的国家体制，而是变革乃至普遍进步的伟大原动力之一，可以说是一个长期的"开明的"改革工地。而关键性的问题在于，这个旧制度对于它所包含的现代性成分来说是太过于陈旧了，而对于它本身那种古老过时的东西来说又是太新了。18世纪，路易十四死后重新扩大起来的就是这个基本的矛盾。而这个制度对立的两极，即国家与社会，越来越难以相容了。今天，回望这段历史，令人感慨和唏嘘不已，如果贵族阶级接受改革，并与资产阶级达成妥协，如果在社会领域中各个阶级特别是贵族阶级能够让渡自己的利益，形成改革的共识，那么法国就会走上一条不同的历史道路。

自由意识的失与得

——品读托克维尔《旧制度与大革命》

所谓自由意识，笔者以为，应当包含两层含义：一是对于自由价值的认同；二是对于自由的内心追求。法国人民的自由意识在大革命前后经历了一段异乎寻常的变化过程，可谓其衰也速，其兴也微。法国大革命的爆发，并未使法国人民真正获得自由，在笔者看来，自由意识的普遍缺失乃是重要原因之一。

一、旧制度下人们的自由意识是如何丧失的？

斯塔尔夫人有一句名言："自由是古老的，专制是近代的。"大革命前"旧制度"的形成和巩固，外在表现为王权的扩张与专断，使民众的自由权利遭受践踏。托克维尔写道：政治上，中央政府任命总督统治各省，"他（总督）的所作所为不仅不受控制，而且独断专行"。经济上，"军役税和附带的许多捐税的总额，及其在各省的摊派额，都由御前会议每年通过一项秘密决议来确定。这样,直接税逐年增长,而人们却事先听不到任何风声"。除了税收上的专断,"路易十四以后的朝代中,政府每年都现身说法,告诉人民对私有财产应持轻视态度。……(公共工程中)被破坏和毁掉的财产总是迟迟得不到赔偿,赔偿费由政府随意规定,而且经常是分文不赔"。"他(国王)不断使他的债权人收不回债;像先王一样,他向四面八方举债,既不公开,也无竞争,债权人不一定能拿到定期利息;甚至他们的资本也永远取决于国王的诚意"。不仅人民的财产自由得不到保障,人身自由也横遭摧残。政府任意向民众征发徭役和军役,用残暴的办法取缔流浪者。在"旧制度"的统治下,人民的处境日益恶化。

然而,比起政治自由、财产自由、人身自由的丧失,人民的自由意识的消亡显得更为剧烈,其影响也更为深远。假如说前几种自由的丧失,都归咎于专制政府的倒行逆施,而民众自由意识的消亡,尽管与政府的压制密切相关,但毕竟意味着民众主观上放弃了对于自由的认同和追求。某种意义上,政府的压制造成民众自由意识的消亡,民众自由意识的消亡又反过来促进专制制度的发展。托克维尔在书中揭示了自由意识的消逝过程。

中世纪时,尽管科技文化比较落后,但是人们(尤其是地方贵族和市民阶层)的自由意识却十分强烈,广泛的地方自治和各地的"三级会议"便是自由意识的充分体现,假若没有自由意识,它们都是无法正常运作的;而地方自治的良好开展,又使自由意识得以发展延续,成为社会的风尚。"民主自由精神从没有比在中世纪法国公社中和直至十七世纪初（1614年）不同时期召开的历届三级会议中，表现出更有劲……他们在接受一个主人时，仍保持自由精神。尽管这位国王能任意支配国家的财富，但他在约束人们最细微的行动或压迫最微不足道的舆论上，却常常显得无能为力；一旦出现反抗，臣民得到风尚的庇护，比自由国家的公民常常得到的法律保障更有效。"

然而，随着国王凭借武力和其他手段控制了全国，随着专制制度的确立，在地方自治普遍没落的同时，人的个性变得相似，人们的自由意识也普遍日趋消亡。"十五世纪，全民大会常由全民组成；一份调查奏文说，这种习俗符合我们先人的人民特性。那时选举城市官员的是全体人民；官员有时要咨询人民的意见并向人民汇报。十七世纪末，这种办法有时还实行。十八世纪，人民已不再作为一个整体构成全体会议。全民大会差不多一直实行代议制。但是必须注意，全民大会不再经民众选举，不再听取民众意志。"但是此时即便是形式上的民主也不能为专制的总督所允许，"实际上常常是总督替这小小的选举团指定候选人，而这位候选人从来都是以全票通过。另有几次，总督撤销了自发举行的选举，亲自任命收税员和理事，无限期中止一切新选举。这种例子数以千计"。

既然人民被排斥在政治之外，他们对社会的发展便完全无能为力，因而对外界的关心日益减少，他们对自由的认同和追求也与日俱减，即使"行政官员一次次试图在人民中唤起那种在中世纪曾建树种种奇迹的城市爱国主义精神，但毫无结果：人民不闻不问。至关重大的城市利益看来也不能打动他们。在那些还保留自由选举假象的地方，若是让人民去投票，他们坚持弃权"。在旧制度下，人们的自由意识最终丧失殆尽。

二、自由意识丧失后的社会面貌

托克维尔写道："在旧制度下，像今天一样，法国没有一个城市、乡镇、村庄、小村、济贫院、工场、修道院、学院能在各自的事务中拥有独立意志，能够照自己意愿处置自己的财产。当时，就像今天一样，政府把全体法国人置于管理监督之下；如果说这个蛮横字眼当时尚未造出，至少它在事实上已经存在了。"自由意识的普遍缺失给当时的法国社会带来以下几方面的影响：

1. 自由意识的丧失导致社会的封闭隔阂

"旧制度"下，王权专制渗透到社会的每一个角落，控制了所有的公共事务。人们失去了以往互相联系的纽带——公共利益的参与和维护。从此，地方贵族只关注自己的庄园产业，农民只操心自己的衣食冷暖，实业家只关注自己的工商利益。各个阶层不再追求政治自由，不再为公益进行交流协商，他们仅仅关注个人（推而广之则是本阶层）的利益所在。"专制制度夺走了公民身上一切共同的情感，一切相互的需求，一切和睦相处的必要，一切共同行动的机会；专制制度用一堵墙把人民禁闭在私人生活中。"自由意识的丧失不仅导致了各阶层之间的隔膜，还引发了它们之间的对立。"国民是由联合得不紧密的不同等级构成的社会，是由彼此之间极少联系、各顾自己的人民构成的社会。在这里根本看不到什么共同利益存在。各个村庄、各个城市的相互联系同它们所归属的各行政区一样少。甚至在完成对它们十分必要的公共工程方面，它们也不能取得一致。"中世纪时，贵族阶层作为地方统治支柱，在享有各项特权的同时担负行政管理、保障安宁、救济贫弱等一系列义务，随着"旧制度"的形成，他们的职责为中央官吏所取代，但他们仍保持了极大的经济特权。相比之下，单纯的特权势必更为其他阶层所不满，加剧了阶层间的对立与矛盾。托克维尔指出："事实上，唯有自由才能使公民摆脱孤立，促使他们彼此接近。"

2．自由意识的丧失使民众对政府的依赖增强

约翰·密尔曾说，凡是自由的人民都能处理好公共事务；凡惯于处理公共事务的人民都是自由的。"旧制度"下的法国从反面印证了这一点。自由意识的普遍丧失使民众不再热心于公共事务，加之中央官吏事无巨细大包大揽，人民便普遍产生了对政府的依赖心理。"政府既然取代了上帝，每个人出于个人需要，自然就要祈求政府。诉状数量浩繁，虽然总是以公共利益为名，其实涉及的仅仅是琐碎私利。"当时，每个阶层的人们都有求于政府：贵族请求减免税收，实业家请求发给贷款或授予商业特权，农民则请求政府提供农业指导或赔偿财产损失。依赖政府的结果，一方面使政府更加专断，另一方面，也使政府日益成为众矢之的。"大家都认为，若是国家不介入，什么重要

事务也搞不好……连那些最无法避免的灾祸都归咎于政府；连季节气候异常，也责怪于政府。"人们对政府的不满情绪日积月累，到一定程度，革命的发生便不可避免了。

3. 自由意识的丧失使民众对政府的监督弱化

自由意识的丧失除了引起社会的封闭隔阂与民众对政府的依赖，还大大弱化了人民对于政府的监督，客观上有助于政府的专断。上述的两点因素固然是监督弱化的原因，而民众内心的观念变化乃是更为重要的原因。在中世纪，民众的自由意识往往通过对政府的监督而转化为行动。一方面，当时无论城市还是乡村都设有定期的全民会议，民众在会上可以对当局畅所欲言、批评建议，还享有选举地方管理人员和对地方重大事项投票表决的权利。地方自治及其独立的组织有利于平衡上级政府对基层的过分干预，有助于打碎权力的垄断，维护人民的自主性和自由权利。另一方面，在中世纪，各种政治结社也并不罕见，它也是反抗多数专制的一项必要保障。然而到了十八世纪，随着王权的强化和民众自由意识的衰落，全民会议的监督在许多地方已不复存在，在另一些地方徒有虚名，仅存"空洞的自由外表"。政治结社在专制王权下遭到灭顶之灾，此后来自民间的舆论监督虽然绵延不绝，但是失去了自由意识的舆论只是出于一时之激情，既缺少思想，又难以长期持续，甚至往往稍纵即逝，对政府并无影响可言。托克维尔不无嘲讽地写道："舆论的力量就连那些常常压制它的人也不得不承认，但这种力量强弱无常，大起大落：头一天强大无比，第二天几乎难以捉摸；它永远毫无节制，变化多端，难以确定：它是没有器官的躯体；它是人民主权的影子，而非人民主权本身。"

4. 自由意识的丧失使政府的管理能力下降

如果说自由意识的丧失导致的前三种后果都有助于专制统治的强化与广泛化的话，与此同时，自由意识的消亡正在逐渐削弱政府的管理能力，使其面临深刻的危机。托克维尔指出："臣民百依百顺，这个政府是如此富于侵夺性和专制特征，但一当它遇到最微小的反抗，它便不知所措。"人民自由意识的丧失固然使政府施行专制统治的阻力减小，使王权肆无忌惮，畅通无阻，但是，这绝不意味着社会因此走向和谐。十八世纪的很长一段时期，社会表面看似平静，然而危机四伏，政治专横腐败，财政捉襟见肘，对外战争失败，人民负担沉重。由于自由意识长期匮乏，人民极少将种种社会矛盾以和平的方式反映出来，寻求政府的改革，而是使社会矛盾潜滋暗长，而政府——尤其是以国王为代表的统治者对潜在的危机往往一无所知，更谈不上有什么预警能力或应对能力。政府长期因循守旧，且更加与民众脱节，致使管理能力不断弱化，即使某些社会矛盾暴露显现并且让政府获悉，政府也无法真正洞察其症结所在，更无法作出深层次的有效改革。社会矛盾日积月累，最终一朝爆发，将王国政府的统治彻底摧毁。

三、自由意识在大革命爆发后的处境

早在大革命爆发之前，启蒙思想家们的著作便广为传诵，其中洋溢着平等理念，充满着对于专制体制的批判，然而相比之下，他们对于宣传自由意识的热情则大为逊色。"毫无疑问，从未有过比法国革命更强劲、更迅猛、更具破坏性、更有创造性的革命。尽管如此，若认为从这场革命中产生出一个全新的法国民族，若认为法国革命建起一座大厦，而它的基础在革命前并不存在，那就大错特错了。"相比于平等的激情，自由意识出现（或曰复兴）晚，根基浅，影响力小，且变化无常。正如托克维尔所言："他们对平等的热爱是那样明确，对自由的爱好是那样不明确。"尽管革命摧毁了封建王权，粉碎了等级制度，建立了民主制度，规定了人民权利，但并没有适时呼唤起人民的自由意识，也没有在自由意识的基础上建立起真正的自由社会。

自由意识姗姗来迟，民众的全部思想状态和整个社会生活依旧长期依附于政府。法国社会在大革命爆发后非但没有从中央集权的桎梏中摆脱出来，中央集权专制反倒有所加强。大革命的破旧立新既呈现出与"旧制度"的决裂性，又呈现出连续性和反复性。"人们在废墟中抓回中央集权制并将它恢复；在它重新建立的同时，过去限制它的一切障碍并未复苏，因此，从刚刚推翻王权的民族的腹部深处，突然产生出一个比我们列王所执掌的政权更庞大、更完备、更专制的政权……统治者垮台了，但是他的事业中最本质的东西仍然未倒；他的政府死亡了，他的行政机构却继续活着，从那以后人们多少次想打倒专制政府，但都仅仅限于将自由的头颅安放在一个受奴役的躯体上。"大革命爆发后的法国实质上从一种专制陷入了另一种专制，这便是由王权专制转移到多数专制之下——雅各宾专政乃是其代表。所谓的"多数专制",归根到底,是少数人以多数民众的名义实行的专制,在其之下,国民作为整体拥有一切主权权利,而在实际生活中,每个公民作为个人都被禁锢在狭隘的依附地位中。比起王权专制,多数专制更为隐蔽,更具伪装,其危害也更大,却也是自由意识普遍缺乏的不可避免的后果。历史启示后人:没有自由意识,便不会有自由社会。试想,没有自由意识,人们何来动力参与社会管理?没有自由意识,人民何来动力监督政府?没有自由意识,人民何来动力应对形形色色的专制?民众的自由意识一朝不至,人类便终究无法迈入自由的殿堂,"人们绝不能保证永远自由,因此他们绝不能保证永远要求自由。"

结语:自由社会,首先需要自由意识

托克维尔洞悉自由意识的价值,并为之大声疾呼。作为一个怀着强烈的自由意识的历史学家兼政治家,他满怀激情地写道:"多少世代中,有些人的心一直紧紧依恋着自由,使他们依恋的是自由的诱惑力、自由本身的魅力,与自由的物质利益无关;这就是在上帝和法律的唯一统治下,能无拘无束地言论、行动、呼吸的快乐。""当自由受欢迎时,我表示了我对自由的赞赏;当自由遭抛弃时,我仍坚持不渝。"他撰写《旧制度与大革命》一书,目的之一就是呼唤民众的自由意识,期待着自由社会的诞生。

可悲的是,历史仿佛在嘲弄这位伟人的良苦用心。自由意识的滞后使法国的社会转型经历了近一个世纪的漫长而曲折的历程，托克维尔在有生之年并没有看到自由政体在法国建立——尽管它在若干年之后得以实现。而此后更多的国度里，民主政体得以确立，各种自由权利获得颁行，然而，这依旧最终成了一种自欺欺人之物，人民并没有真正享受到自由带来的恩泽，仍旧被笼罩在专制的阴影中，这样的例子数不胜数。究其原因可能多种多样，然而它们都有共同的特点：民众的自由意识十分淡漠，缺乏追求自由的共识。这就好比一家工厂引进了先进设备，但是没有什么人乐于学习使用，使这些设备终究毫无效用，成为纯粹的装饰。显而易见，没有普遍的自由意识，就不会有自由社会的到来。

在现代社会，自由与责任在许多场合是同义的，自由意识与责任意识也是互通的。比方说，在当今西方国家里，政治选举既是国民享有的政治自由，也是每一个国民依法履行的公民责任。真正具有自由意识的人，也应当具有责任意识，在明确自己权利的同时，承担起社会赋予的义务。其实，个人享有的每一项自由的背后，都潜在包含着他人担负的责任。因此，难怪托克维尔指出："谁在自由中寻求自由本身以外的其他东西，谁就只配受奴役。"一个具有自由意识的公民，才是一个好公民；一个洋溢着自由意识的社会，才称得上真正的自由社会。

庞金友

后革命时代的理性反思

——托克维尔《旧制度与大革命》的核心议题

托克维尔的《旧制度与大革命》在2012年遭到空前的关注和追捧，是学术界始料不及的事。相比之下，另一位西学大家卢梭诞辰300周年就显得冷清许多。话说回来，置于后革命时代的大背景下观察，两人命运何以如此迥异就不难理解了。出版于150多年前的旧作，讲的是发生在220多年前的故事，为何引起如此关注，这本身就是一个值得反思的时代议题。托克维尔在这本书中究竟讲了什么，可以穿越时空激发起人们如此强大的共鸣？他对法国大革命的反思对当代中国政治有哪些启示？这就是本文想要回答的问题。

一、革命容易发生在后高压时代

受一般意义的进步史观的影响，人们往往倾向于认为，革命多会发生在权力行使最专断、矛盾冲突最激烈的时期。而《旧制度与大革命》

对法国大革命的分析却恰恰得出了一个迥然不同的结论：革命实际上并不是发生在专制最强、压迫最重的时候，而是发生在长期专制和高压政治之后的松弛期。

通过详细对比路易十四和路易十六时期的政治状况，托克维尔得出结论："公共繁荣在大革命后任何一个时期都没有大革命以前20年中那样发展迅速。"这表明，法国大革命爆发之前，一些变革已经发生，法国国力开始强大，人口和财富不断增加，法国人变得越来越勤奋和富有。之所以会出现这些新变化，主要是有两股力量在推动着法国社会的发展和变化，一是依旧非常强大有力但却不再那么专制、到处维持秩序的政府，二是从上层阶级看已成为欧洲大陆最开明、最自由的民族，它的每个成员都能随心所欲地发财致富，同时确保已有财富的安全。

然而，人们的处境越来越好，并不会阻止革命的步伐。换句话说，革命的发生并非总因为人们的处境越来越坏。托克维尔指出，随着社会的发展，财富的增加，公众的不满反而开始加剧，对旧制度的仇恨也迅猛增长。一向毫无怨言仿佛若无其事忍受着难以忍受的法律的人民，一旦法律的压力减轻，就会奋起抗争。托克维尔还发现，被革命摧毁的政权几乎总是比它前面的那个政权更好，"对于一个坏政府来说，最危险的时刻通常就是它开始改革的时刻"。当人们身处苦难时，往往认为这是不可避免的，而一旦压迫减轻或消除，之前和当下的苦难往往突然间就变得不可忍受了。被消除的流弊仿佛无时无刻不在提醒着人们尚有其他流弊存在,于是人们的情绪便更激烈;痛苦的确在减轻,但人们的感觉却越来越敏锐。

一个还不算最专制的国家,在并不是最黑暗的时期,却爆发了矛盾最激烈、反抗最强烈的大革命,这表明什么呢?按托克维尔的话说,那就表明浩劫已不可避免:"一场浩劫怎能避免呢?一方面是一个民族,其中发财欲望每日每时都在膨胀;另一方面是一个政府,它不断刺激这种新热情,又不断从中作梗,点燃了它又把它扑灭,就这样从两方面推促自己的毁灭。"从这个角度看,改革如逆水行舟,不进则退。改革进程一旦启动,改掉的部分会使未改的部分格外显眼,尤其令人无法忍受。如果还坚持不改或宣称改革失败从而中止改革,那就有革命的危险了。

二、革命无法彻底摧毁旧制度

托克维尔旗帜鲜明地赞扬法国大革命。《旧制度与大革命》的开篇和结语都在表达着这种情感:"这是青春、热情、自豪、慷慨、真诚的时代,尽管它有各种错误,人们将千秋万代纪念它","这就是1789年,无疑它是个无经验的时代,但它却襟怀开阔,热情洋溢,充满雄劲和宏伟:一个永世难忘的时代,当目睹这个时代的那些人和我们自己消失以后,人类一定会长久地以赞美崇敬的目光仰望这个时代。"

但他毫不掩饰对旧制度的痛恨和憎恶。在他看来,作为旧制度的产物，王权专制与封建官僚长期的堆积催生出了一种变态的政治文化，"如果说这种不正规的、病态的自由为法国人推翻专制制度准备了条件，那么，这种自由使法国人比其他任何民族也许更不适于在专制制度的遗址上，建立起和平与自由的法治国家。"更为可怕的是，这种专制文化如此深刻地影响了法兰西，以至于形成了后来法国政治的基本逻辑："统治者垮台了，但是他的事业中最本质的东西仍然未倒；他的政府死亡了，他的行政机构却继续活着，从那以后人们多少次想打倒专制政府，但都仅仅限于将自由的头颅安放在一个受奴役的躯体上。"托克维尔写此书的时候大革命已经结束六十多年，然而法国依然不见自由的踪影，而最让他痛心疾首的是："在法国只有一件事是我们干不成的：自由政府；只有一件事物是不能摧毁的：中央集权。它怎么会灭亡？"托克维尔将这一切都归结为旧制度这一始作俑者。

然而不幸的是，托克维尔发现，这场声势浩大的法国大革命不仅没有彻底摧毁旧制度，反而出现了更糟的结果。大革命取缔了旧制度的很多封建权利，解散了中央集权的官僚制度，却依然继承了中央集权的实质，并且不断重建，更为坚固。这意味着，革命不仅没有打断中央集权这一过程，反而是以表面摧毁的方式最终完成了这一历史过程。

人们往往惊异于这一变故，托克维尔却显得无比冷静，他分析道：看到中央集权如此轻而易举地在法国重建起来，我们丝毫不感到惊异。1789年的勇士们曾推翻这座建筑，但它的基础却留在这些摧毁者的心灵中，在这基础上，它才能突然间重新崛起，而且比以前更加坚固。

这种基础即是法兰西民族对国家、国家权力的依赖和服从的思想意识与心态。诚如托克维尔所说，这些思想渗透到一切人的精神中，与风尚融为一体，进入人们的习俗，深入到所有各个部分，一直到日常生活的实际中。因此，这样一个民族离自由已十分遥远，他们"再没有什么人在关心自由"，也不能理解自由，更谈不上追求自由。

三、文人政治存在致命弱点

托克维尔对法国的文人充满着彻头彻尾的怀疑和戒备。与同时代英国和德国不谙世事、埋头书斋的文人相比，法国的文人却是另一番风貌："长期以来，法兰西在欧洲所有民族中，就是一个最有文学天赋的民族；文人在法国从来没有展现像他们在18世纪中叶前后所展现的精神，从来没有占据他们在那时所取得的地位。这种情况在法国前所未有，我想，在其他国家也没有发生过。"他们关心政治，批判政府，推崇理性，坚信普遍真理，更相信"应该用简单而基本的、从理性与自然法中汲取的法则来取代统治当代社会的复杂的传统习惯"。基于作家的悲天悯人和浪漫情怀，他们本能地厌恶旧事物和传统，自然而然地趋向以理性为唯一的依据，勾画蓝图，重建社会。他们的生活远远脱离实际，没有任何政治经历和实践经验，他们不仅对政界知之甚少，而且视而不见，他们不仅在政界无所作为，甚至也看不到他人的所作所为。他们牢牢控制着舆论阵地，占据着在自由国家通常由政党领袖占有的位置。"每种公众激情都乔装成哲学；政治生活被强烈地推入文学之中"，托克维尔将这一现象称之为"文学政治"。

托克维尔没有被这种政治的表面激情所迷惑，他冷静而全面地审视了"文学政治"的特点与影响：第一，这群不懂政治又极具文学煽情力的文人冲上第一线，充当"广场政治的第一提琴手"，直接造成普通民众非理性的过度参与。第二，文人掌权严重冲击了制衡王权的贵族势力，使革命阵势分崩离析：一边是文人政治泛滥，自身权力无节制扩张，一边是贵族和新兴资产阶级被排除在公共生活之外。第三，法兰西民族生性浪漫，重修养，爱才智，但对自身事务生疏冷淡，对政治制度和公共事务更是力不从心。基于此，法国文人才成了法国的一种政治力量，而且最终成为首要力量。从政经验丰富、深谙政治之道的托克维尔惊恐地发现，这些法国文人要做的是同时而系统地废除所有现行的法律和惯例，发动"一场规模最大最为危险的革命"。他哀叹道：这些知识分子乐观地相信，光靠理性的力量，就可以毫无震撼地对如此复杂、如此陈旧的社会进行一场全面而突然的改革。他们忘记了那句格言：谁要求过大的独立自由，谁就是在寻求过大的奴役。

当历史成为往事，现实成为议题，我们仍旧不得不敬佩托克维尔的睿智与洞察。托克维尔所看到的，不正是当下我们所应关心的问题吗？一个共同体的大多数若被隔绝在政治之外，一旦有一天在"文学政治"的引导下"参与爆炸"，就会出现致命性政治反弹。

四、后革命时代必须平衡自由与平等

托克维尔承认平等的重要性,人们爱平等甚过爱自由。在平等之中,人们感受到大家彼此相同,身份平等,没有了等级,没有了压迫,平等所带来的好处每天都可以感受到。而自由所带来的好处不像平等那样直接和强烈,只有经过很长时间以后才能显现出来,而且这种好处的来因,又经常不容易被人辨认出来。所以,对于大多数人来说,"他们追求平等的激情更为热烈,没有止境,难以遏止。他们希望在自由之中享受平等,在不能如此的时候,也愿意在奴役之中享受平等。"托克维尔断言,在这一状态中,一切试图阻拦平等的人和权力都必将被它摧毁与打倒。

但托克维尔更为珍视的是自由这一价值。他在《回忆录》中曾写道:"在思想上我倾向民主制度,但由于本能,我却是一个贵族——这就是说,我蔑视和惧怕群众。自由、法制、尊重权利,对这些我极端热爱——但我并不热爱民主。我无比崇尚的是自由,这便是真相。"在《旧制度与大革命》中,他更明确表达了对自由的热爱:"我对自由的热爱久已有之,并非自今日始。""当自由受欢迎时,我表示我对自由的赞赏;当自由受到抛弃时,我仍坚持不渝。"当这个民族已经为平等、为物质的满足而甘愿受奴役时,托克维尔对自由的热爱显得多么卓尔不群;当他在为自由呐喊时,而这种声音如同空谷足音。

当然,在托克维尔眼中,民主和自由本身并非这样截然对立,它们完全可以有机地统一在一起。民主社会的平等是自由的基础,这是确定无疑的。自由不应当以不平等为基础，这也是自法国启蒙思想家以来许多思想家的共识。如何让平等与自由共存，如何在一个追求平等的民主社会里避免"多数人的暴政"，实现自由，这才是托克维尔的思考重点。

在当时的世界范围内，托克维尔把视线投向了年轻的美国，看到了美国在争取民主、实现平等的过程中又确保了自由。他前往美国实地考察，探究美国的制度设计。通过考察，托克维尔认为由于自然环境、法律体系和民情的缘故，美国实行了高度的地方自治，享有思想、结社、言论、出版自由等权利，这些都对民主社会中"多数人的暴政"起着积极的抵制和消蚀作用。在美国式民主中，既保留了平等，又用高度自治和人权战胜了民主所带来的多数暴政，又促进了自由的发展。所以美国的经验告诉人们，必须用自由来克制民主的缺陷，自由是抵制民主专制制度出现的法宝，又是保证公民个人权利实现更大的自由的推动力。在一个没有政治自由的国家，民主就有转化成暴政的危险。

托克维尔曾言：我没有传统，没有党派，除了自由和人类尊严的事业，我别无事业。这是一个自由主义者的思想情怀，在专制主义的汪洋大海中，他如一叶孤舟，在这个民族的大多数人都因为私利而屈服于专制统治时，他冷眼相视，认为不热爱自由的平庸的人不可理喻。他虽孤独，但不寂寞，自由的理想、自由的信念在支撑着他。也许他是一个理想主义者，他的理想和追求超越了他那个时代，超越了那个时代的法兰西民族的集体情感、意识和理念。但这个民族在后来毕竟选择和实现了自由。从这个意义上，托克维尔成为了法兰西民族的自由斗士。我们可以像法兰西人民赞颂伏尔泰那样称誉托克维尔：他引导人民走向自由。

第 2 编

肖像：托克维尔笔下的法国大革命

崇明

托克维尔的焦虑

　　托克维尔（1805~1859）生活于一个没有根基和充满动荡的世界。自从16岁阅读启蒙作品遭遇了信仰的颠覆之后，终生寻求确定性而不得，一直被怀疑所困扰，怀疑被他视为人生最大的不幸之一。在他所处的时代，法国在革命和专制的轮回中挣扎，他为自己民族的自由而奋斗，却最终发现这个民族"激动不已地亲吻枷锁"（1853年9月23日致皮埃尔·弗里斯隆）。托克维尔喜欢用大海来比喻自己所处的时代："我们身处一个咆哮的、但没有海岸的海洋；至少，这个海岸是如此遥远、如此陌生，以致我今生、乃至我们的下一代都无法找到它，无法在那里立足。"（1848年7月21日致欧仁·斯托菲尔）在这样一个"天空不再给予希望、大地不再给予尊严"（贡斯当语）的世界，自我对每个人成为一个严重的问题。托克维尔在26岁时就对此有深深地感受："这个世界上我了解最少的存在莫过于我自己了。我对于我自己的了解不断地成为一个无法解决的问题。"（1831年10月18日致欧仁·斯托菲尔）这并非一个缺乏自信的年轻人对自己的怀疑，而是延续了一生的挑战。去世前两年，在1857年2月26日给斯维金娜夫人的信中，他写道："每当我仔细打量自己时，我找不到一丝的欢乐……我们有理由说，人从来不能自知，人们经常弄不明白那些支配自己的冲动……"在一个承认自我的权利和价值的时代，自我成了最大的问题；而对于一个辩护个体自由的自由主义思想家，如何面对这个成为问题的自我可能是最大的挑战了。

如果"天空不再给予希望"，上帝从世界中退隐，那么个体将承担自我的命运，这是启蒙运动的应许和民主社会的期待。而等级制社会的瓦解使传统的人与人之间的依附关系不断淡化，个体也获得独立的可能，于是"他们习惯于自视独立，一厢情愿地认为他们的全部命运在他们自己的手中"（《论美国的民主》）。然而，托克维尔通过对美国社会深入观察，发现美国人"身处幸福之中而焦虑不安"，焦虑是美国人的显著的性格特征之一。平等虽然使个体在形式上获得不断改善自己状况的可能，但平等将个体置于和所有人的竞争之中，结果个体不得不忍受可完善性和现实的挫败之间的反差，陷入焦虑和嫉妒之中。民主充分暴露了个体的软弱，自我的独立非但不是自由，而往往成为奴役。民主的个体在砸碎了等级制和不平等的枷锁之后，发现他们获得的自由竟可能是新的枷锁。自由，这个现代社会的最高神和罗马人的守门神雅努斯一样还有另外一副面孔。这个现代雅努斯成为《论美国的民主》所勾勒的现代人的肖像。

托克维尔对美国人或者民主心灵的深刻揭示并不仅仅是因为他有

不同寻常的洞察力。人们常常津津乐道于圣伯夫对托克维尔的评价：他在读书之前就已经开始思考。这一评价并非夸张之辞，然而托克维尔如何去思考？他思考的资源在哪里呢？他的书信给了我们答案：他的观察和思考资源就是他自己。这一对自我的探究可以追溯到现代性曙光初现时期的蒙田。蒙田很敏锐地认识到现代是个体的时代，那么只要对自己进行剖析，就可以理解人类了。因此他声称他的散文是以自己为材料的，他的自我书写并非是为了像奥古斯丁那样在忏悔中发现自我并否定自我，而是把自我当成研究对象，让自己和别人更了解他本人，也让别人通过他的自我去了解他们自己的自我。托克维尔的书信在某种意义上也是蒙田式的散文，他在书信中呈现自我，也让他所处的时代在他的自我当中展露出来。托克维尔热爱写信，所以已经出版的十七卷托克维尔全集中书信占了一半以上。事实上这种对书信以及日记的热爱是十八、十九世纪法国知识界和文学界的某种风尚，这表明这一时期人们拷问自我的迫切。

　　托克维尔终身被焦虑所困扰。他的焦虑在他看来是无法治愈的"漫长的疾病"，因为焦虑成为他的个人气质的一部分，是他的自我的构成因素。在托克维尔的书信中，我们看到他常常试图向亲人和好友描述这种在他看来无法言传的焦虑。

　　这个充满焦虑的托克维尔似乎不是我们所熟悉的《论美国的民主》和《旧制度与大革命》的作者。那是一个饱含激情而又充满理性的思考者，在他的作品中理性和激情构成了优美的和谐。然而思想当中理性与激情的和谐与生活当中这两者的冲突并不构成矛盾,而是生命的不同层面。并且,对于一个思想者来说,思想也可能成为焦虑的原因。这首先是因为思想本身的艰难,但托克维尔并不隐瞒自己从事思考和写作背后的那些并不那么伟大的动机。在给斯维金娜夫人的信中,托克维尔不惮于从"最难看"的一点来坦白他的焦虑的原因:"您相信这种精神上的不安主要难道不是源于终生激励我的对于成就、影响和声望的激情吗?这一激情有时能促成伟大的事物,但它本身显然并不伟大。这是作家们通常有的一点坏毛病。对此我也像别人一样无法逃避。"(1857年2月26日致斯维金娜夫人)1840年《论美国的民主》第二卷的出版并没有像第一卷那样取得成功,托克维尔对评论界的沉默感到沮丧,在给卢瓦耶·科拉尔的信(1840年8月15日致皮埃尔·保罗·卢瓦耶·科拉尔)中表达了对自己作品的价值的怀疑。这并非仅仅像评论者认为的那样说明托克维尔缺乏自信,而是他对于自己不能取得期待的成功而感到失望。托克维尔并没有否定伟大事业背后的个体对不朽和荣耀的追求,他甚至希望民主时代的软弱个体能有这样一种雄心和骄傲,但是他知道这种个体的骄傲本身作为一种自我的私欲本身不是那么崇高的,不是他所推崇的那种忘我的美德。不过,托克维尔并非要对个体的骄傲进行道德审判,而是要指出这种骄傲会因为其挫败成为个体的重负,特别是在一个承认个体的骄傲和尊严的民主时代。

然而,托克维尔的焦虑更多地并非这样一种追求成功而不得所带来的苦恼。他认为他所取得的成就足以让一个有理智的人感到心满意足，但是他自己绝不是这样一个理智的人，因为他要在一个平庸的时代追求伟大，在民主的时代梦想贵族时代的德性。寻求伟大的托克维尔的焦虑不同于追求福利而不得的民主个体的焦虑。《论美国的民主》通篇对贵族制和民主制的比较时时浮现出对贵族制的伟大的怀念，虽然他强调民主制远比贵族制公正。他一直被一种追求伟大的激情所支配："神已赐给我对于伟大行为和伟大美德的天然爱好，然而当这种伟大事物总是在我眼前飘荡、而我却一直无法把握时，我很失望；我的灵魂希望生活于一种理想的创造当中，而我生活于其中的世界和时代却与之相去甚远，这令人悲哀。"（1857年2月26日致斯维金娜夫人）生不逢时而不能像先辈一样在伟大的事业中呈现生命的意义，这是托克维尔的焦虑所在。托克维尔所追求的伟大是一种自由的政治行动，它并非为了谋求利益——他的书信中常常表现出对利益的鄙视，而是彰显一种如其曾外祖父马尔泽尔布所表现出来的自我牺牲的公共精神和刚毅的美德（1838年4月22日致博蒙）。因此，托克维尔总是把自由和伟大关联起来，自由的意义在于通向伟大。然而，民主时代的人们热爱自由不过是因为自由可以使他们追逐自己的利益，而如果专制能够更好地保证利益，他们宁愿放弃自由。七月王朝时期，法国人特别是资产者滥用自由竞逐私利，而第二帝国时期，法国人为了保护他们的私利而放弃了自由。因此，托克维尔悲痛地看到他和他的时代格格不入。平庸的日常生活令他厌倦和焦虑。只有"重大的事物和崇高的情感"才能让他平静。托克维尔以政治人为自己的理想，致力于在政治上成就大业，因为只有政治行动带来的激情才能平息他的焦虑。然而他不幸生活在一个政治为名利所充斥的时代，他自己的信念和气质与之背道而驰。事实上从政不久，托克维尔就悲哀地发现自己在当时法国的议会政治乃至政治世界中找不到位置（第42封信），政治行动中的无力感常常使他陷于一种深深的忧郁和焦虑。不过，让他略感欣慰的是，他一直受到他的选民的支持，选民的忠诚是他在政治的荒漠中的一小块绿洲。他长时间担任家乡地区拉芒什省政务委员会主席的职位，他一直珍惜这个职位，因为在其中他能够为他的家乡做一些实际的事情。

自从托克维尔16岁失去信仰之后，他的焦虑就成了存在意义上的问题，因为他的灵魂失去了根基和方向，生命当中缺乏一种根本的确定性。这颗灵魂在世界上上下求索却无法找到安息之处，人世的任何美好事物都不能在根本上满足它。托克维尔对人类存在的种种问题感到忧心，试图去探求人生的奥秘但却总是陷入不确定当中。托克维尔一直试图重建信仰、寻回生命可以立足的确定性根基，对人类生存的问题寻求确定的答案，然而他一直没有成功。他在1837年12月26日给妻子的信中写道："我在一切事情上我想追求一种理想，但它总是不断后退。我渴望一种绝对、一种完整，但它们并不存在。"他对信仰有一些抽象的普遍性观念如上帝的存在及其绝对正义、另一个世界的存在及对善恶的赏罚等，但除此之外，他无法形成或接受其他的信念。

在人生的根本问题上他不得不承受怀疑的折磨，一直把怀疑视为世界上最让人不能承受的恶之一，年轻时将其置于疾病和死亡之后（1831年10月22日致夏尔·斯托菲尔），而到了中年则认为它比死亡更糟糕，比疾病更恶劣（1850年8月致科塞尔）。面对怀疑，人自身的无能为力彰显无遗：在晚年（1858年）给他的哲学家朋友布希泰的信中对人的状况的描述和帕斯卡尔如出一辙："（人）被赋予足够的光以向他展示他的状况的悲惨，却没有足够的光来改变它。"

托克维尔认为他的焦虑是"所有人的故事"，是现代人的处境。不过，托克维尔并没有因此陷入绝望。大革命之后法国政界频频改朝换代，社会动荡不定，改变立场、转换阵营是司空见惯的事情，以至于在19世纪的法国，不动摇、坚定成为受人钦佩的德性。我们在托克维尔身上可以看到这样的德性，虽然他一直在议会政治中处于边缘，无法进行真正的政治行动，但他始终秉持自己的道德操守。他接受了一度被他视为精神导师的科拉尔的教导，一个人不能指望在政治中发现高贵，而是要通过自己的行动使政治高贵，正如科拉尔所言："今天议会代表的生活是一种粗俗的生活……别指望在那里找到光荣，应当把光荣带给它。"1855年冬天，这时托克维尔早已接受了他在政治上的重大失败而退出政界，他在雪后的贡比涅森林中散步，回首差不多25年前他和博蒙在田纳西的森林中散步的情形，对岁月的流逝充满感伤，然而他对自己过去的选择和奋斗并不后悔。在给博蒙的信中写道："当我回顾这些年之后，我想如果我重新开始这四分之一世纪，我想做的事与我已经做的不会有太多的不同,于是我又感到宽慰。也许我会努力改正细节上的错误,防止一些明显的蠢行,但整体而言,我的思想、我的情感、甚至我的行为,都不会有任何改变。我也清楚地意识到,在这漫长的岁月中,我对于人的总体看法很少变化。从中可以看出,托克维尔不仅仅是一个充满焦虑和怀疑的人,也是一个在道德上坚定、忠诚于自己的原则的人。

正如这封给博蒙的信中所体现的,这种忠诚特别体现在友谊当中。和蒙田用旁征博引来为自我做注脚不同,托克维尔直抒胸臆,让自我的沉重、内在的冲突在对朋友的倾诉中完全暴露出来。书信中的自我并非散文、日记和回忆录中的独白式的自我,而是和他人分担、在友谊中敞开的自我。通过书信来表达自我,托克维尔事实上是在借助友谊来面对孤独的自我。

托克维尔理解的友谊首先是一种信任和尊敬的情感,能够体贴和关心彼此的软弱,也能够向对方敞开自己的软弱。对于少年和年轻时的朋友,这一点毋庸置疑。即使后来认识的一些长者,托克维尔也强调,自己对他们的友谊是建立在他们对他的善意和理解以及他对他们尊敬和信任基础上的。其次,如亚里士多德所说,这种友谊是一种品质;这种品质在于理解和接纳对方的"善"或品性,并以自己的善和品性来加以回应,"回报的友爱则包含着选择,而选择出于一种品质"(《尼各马可伦理学》)。真正的友谊要求相互的回应和责任。托克维尔一直希望"在大社会以外形成一个理想的小城邦,那里居住着我热爱和尊敬的人,我希望在那里生活"(1837年8月20日致皮埃尔·保罗·卢瓦耶·科拉尔)。通过他的书信我们可以领略一下他"理想的小城邦",那里的少数居民围绕着关于人生、信仰和政治的重要问题在进行严肃的讨论;托克维尔常常和他的朋友们探讨他的作品,和他们分享他写作的动机、意图、构思、困惑和主题等等,倾听他们的批评和意见。在托克维尔那里,思想构成友谊的源泉,而友谊也成为思想的伙伴。

托克维尔以道德和友谊来面对焦虑,但并没有能克服焦虑。这也许是为什么我们无论在他的肖像还是在他的文字当中都能感受到一种忧郁。他没有逃避自己的命运,面对内心的紧张中而坚守对德性和伟大的追求,并不惜承担由这一追求带来的更大的紧张。《论美国的民主》的写作也是托克维尔理解和面对其焦虑的一种方式。他通过处理民主时代的人的焦虑来思考自己的焦虑。我们已经提到,他从自己对成功的渴望而感到的焦虑当中深切地体会到现代人关注自我利益和成功而带来的焦虑。此外,现代人沉溺于自我的焦虑而遗忘了对伟大和德性的追求,因此民主时代的平庸和堕落会让追求德性和伟大的人感到焦虑;而现代社会中上帝的不在场让现代人陷于对生命意义的焦虑当中。民主社会最迫切的问题是大多数人沉溺于第一种焦虑当中甚至不会再产生后两种焦虑。因此,托克维尔首先致力于说明第一种焦虑可能导致的平庸、堕落和罪恶等种种危险,而试图借助于通过政治自由和宗教来培育道德和友谊。如果在一个民族实现了宗教精神和自由精神的结合,良好的民情成为政治的基础,公民的友谊成为城邦的纽带,那么这第一种焦虑是可以得以克服至少是被缓解的。而对伟大和对生命意义的焦虑，在托克维尔看来，这仍需要人们在政治、友谊和宗教中去面对。他尤其强调宗教对于现代心灵的意义，虽然他自己始终没有形成坚定的信仰；这并非是一个有某种隐微教导的人提倡一种显白的教导，而是常常对帕斯卡尔感佩不已的托克维尔对人生的感受。不过托克维尔远没有像帕斯卡尔和冉森派那样走向对人性和世界的否定，更没有接受他的助手戈比诺(Arthuerde Gobineau)的宿命论和种族主义，而是相信"如果想要从别人和自己那里获得巨大的力量，我们就不应该蔑视人"（1838年4月22日致博蒙）。根本上，托克维尔是一个有宗教情怀而敢于直面人生不幸的人文主义者。

刘北成

托克维尔关于法国大革命起因的解释

19世纪法国思想家托克维尔的《旧制度与大革命》被公认是研究法国大革命的一部经典之作。在这部著作中，托克维尔对法国大革命的起因与后果提出了一种开创性的解释。这种解释并没有给出一种完美的结论，而是提出了引发后来者思考与探索的问题。对于150多年后的中国读者来说，托克维尔的解释不仅具有思想史和学术史的价值，而且它对我们关于法国大革命乃至各种革命的"常识"构成一种挑战，因此值得我们重视。本文仅仅讨论托克维尔对法国大革命起因的解释。

一

20世纪初法国文学史家居斯塔夫·朗松就指出，托克维尔对大革命的解释是对当时保守派与民主派的大革命史观的反拨。[1](P20)

保守派诅咒法国大革命，把法国大革命视为魔鬼在世间显灵。德·梅斯特尔说："法国革命具有恶魔的特点。"伯克说："法兰西岂止丧失了旧政府，简直丧失了一切政府。"民主派则在大革命身上发现了上帝的福音：它不仅要更新法兰西的面貌，而且要使世界焕然一新。例如，米什莱在他的《法国革命史》（1847年）的导言中对大革命的解释就是："什么是大革命？这是公正的反抗，永恒正义的为时已晚的来临。"[2](P1) 托克维尔注意到，保守派和民主派立场截然对立，但是二者在评价法国大革命时的思维逻辑却是相似的，即法国大革命在事实上是历史的断裂，在价值上是善恶的颠倒。

针对这两种二元对立的神话式解释，托克维尔明确指出："它（大革命）绝不是一次偶然事件。的确，它使世界措手不及，然而它仅仅是一件长期工作的完成，是十代人劳作的突然和猛烈的终结。即使它没有发生，古老的社会建筑也同样会坍塌……只是它将一块一块地塌落，不会在一瞬间崩溃。大革命通过一番痉挛式的痛苦努力，直截了当、大刀阔斧、毫无顾忌地突然间便完成了需要自身一点一滴地、长时间才能成就的事业。这就是大革命的业绩。"[1](P60) 这段话可以说是表达了托克维尔解释的核心思想：大革命乃是旧制度下社会演进的结果。

当然，托克维尔对保守派解释和民主派解释的态度有所不同。他明确地引用保守派的言论作为批驳的靶子，但是他用大革命的"创新程度比人们普遍认为的却少得多"[1](P60) 来安抚保守派。他在价值判断上更接近民主派，肯定大革命的民主成果：平等、民主等信条"不仅是法国革命的原因，而且……是大革命最基本的功绩，论时间，则是大革命最经久最实在的功绩"。[1](P46) 但是，他用从大革命中产生出更专制的"民主专制制度"[1](P197)来消解民主派的神话:"没有自由的民主社会可能变得富裕、文雅、华丽,甚至辉煌……但是我敢说,在此类社会中绝对见不到伟大的公民,尤其是伟大的人民。"[1](P36)

托克维尔的大革命史观是有所秉承的。那就是梯也尔、基佐等为代表的奥尔良派自由主义史学传统。首先是既捍卫又批评大革命的自由主义立场。基佐的父亲死于大革命的断头台。但是,基佐认为:"法国大革命是可怕但合法的战斗,它是权利与特权之间的战斗,是法律与非法专横之间的战斗;唯有大革命自己才能提出节制革命的任务,也唯有大革命自己才能提出使革命纯洁化的任务。"换言之,"站在法国大革命一边"来批判检讨大革命。[3](P6) 托克维尔有着与基佐相似的身世——他的父母曾被捕入狱,幸亏热月政变,才死里逃生。托克维尔早在《论美国的民主》(1835年)中就肯定了"伟大的民主革命"的必然性,强调了在民主的基础上并通过民主的方式来保障自由。[4](P4)其次是用阶级斗争来解释历史连续性和必然性的观念。梯也尔、基佐等人认为,法国大革命是阶级斗争的结果。基佐指出:"从社会和我国各阶级关系的角度看,被称为第三等级的那个阶级不断成长壮大。其他阶级起初被它所改变,而后被超越,最终则被融化吸收了。"[2](P188)托克维尔也断然表示:"我谈的是阶级,唯有阶级才应占据历史。"[1](P158)

不过,托克维尔对于奥尔良派史学也有所偏离。他是第二帝国的反对者,但他不是用自己的研究来为任何一个党派服务。再者,在托克维尔看来,大革命的必然性并不简单地蕴含于某种新生社会力量(资产阶级）与旧制度的矛盾之中，仅仅用这种阶级斗争观念还不足以回答这样一个问题："这场到处都在酝酿、到处产生威胁的革命，为什么在法国而不在其它国家爆发？"[1](P61) 如果说奥尔良派自由主义史学阐发了革命起因的某种根本性因素，那么托克维尔则是对法国大革命的起因进行了一种更丰富、更具体的历史社会学分析，揭示了与民主派的革命神话迥然不同的历史画面。

二

"旧制度"是一个特定概念，指大革命前18世纪的法国社会。大革命起因于"旧制度"，但是无论在民主派眼中还是在奥尔良派自由主义史学家眼中，"旧制度"作为革命的反题，是被完全否定的。托克维尔从这里突破，从而对旧制度与大革命之间的内在联系作出令人耳目一新的解释。

在深入研究旧制度的权力结构之后，托克维尔指出："如果认为旧制度是个奴役与依附的时代，这是十分错误的。"[1](P156) 他发现，旧制度乃是向今天人们所说的"现代性"过渡的转型阶段，是两种体制的复合体，一方面是日益衰落的中世纪封建制度的残余，另一方面是不断强化的中央集权制。正是这种社会转型不仅没有缓解反而加剧了法国社会的基本矛盾，促成了大革命的爆发。这种因果联系恰恰与人们想象的那种"压迫愈重、反抗愈烈"的方式相反，而是以一种悖论的方式发生的。

托克维尔通过比较研究，独具慧眼地发现了一个吊诡现象："有件事看起来使人惊讶：大革命的特殊目的是要到处消灭中世纪残余的制度，但是革命并不是在那些中世纪制度保留得最多、人民受其苛政折磨最深的地方爆发，恰恰相反，革命是在那些人民对此感受最轻的地方爆发的。"[1](P64) 就欧洲而言，法国当时并不是封建权利最深重的地区，相反，它却是封建权利压迫最轻的地方。这是因为法国早已发生了一场静悄悄的革命：农民完全摆脱了领主的统治，而且已变为土地所有者。但是，正因为如此，农民对残存的封建权利就更难忍受。作为土地所有者，农民才会对封建制度强加在地产上的多种负担感到痛苦和愤慨；贵族不再拥有统治领地的权力，贵族的特权乃至他们本身的存在也就愈加可疑。也就是说，不是贵族个人变得穷凶极恶，而是封建制度的瓦解引起社会心理的变化："封建制度已不再是一种政治制度，但它仍旧是所有民事制度中最庞大的一种。范围缩小了，它激起的仇恨反倒更大；人们说得有道理：摧毁一部分中世纪制度，就使剩下的那些令人厌恶百倍。"[1](P72)

不过，相比之下，托克维尔认为，各阶级之间的紧张关系之所以加剧，主要是中央集权制的作用。

与许多人的看法相反，托克维尔认为，中央集权制不是大革命的产物，而是旧制度的产物。法国在大革命前已形成欧洲其他国家无法比拟的中央集权政治体制：在中央王权形成了一个集行政、立法和司法权于一身的统一权力机构，由中央政府派出的各省总督总揽了地方政府的全部权力，中央集权制的政府几乎达到了对全国的全面绝对控制；更有甚者，旧制度实行官员保护制，专横地庇护大小官员。这样，中世纪各地区、各人民团体和个人的政治自由权利也统统丧失了。这里应该指出的是，托克维尔显然是把政治专制与行政集权混为一谈了。

托克维尔承认，这种中央集权政府是旧制度的一项成就，是旧制度下"所有活着、动着、生产着的东西"的"新的根源"，[1](P57)也是旧制度中唯一在大革命后保存下来并且能够适应新社会的政治体制。但是，他也发现，这种单一的中央集权制既是旧制度时期社会动力之源，也很容易成为千夫所指之的。"由于中央政权摧毁了所有中间政权机构，因而在中央政权和个人之间，只存在广阔空旷的空间，因此在个人眼中，中央政府成为社会机器的唯一动力，成为公共生活所必需的唯一代理人。"[1](P107)结果，这就导致了人们对中央集权政府的绝对依赖，而这种绝对依赖又很容易转变为另一个极端：当中央政府不能满足人民心愿时，便产生人们对中央政府的极端仇恨。由此托克维尔得出结论：高度的中央集权制和巴黎的至高无上地位，是法国多次革命的主要条件之一。

托克维尔还发现，正是中央集权制的发展，造成法国阶级分离的加剧，使法国社会变成一点即炸的火药桶。首先，三级会议的停开，使得第三等级（主要指资产阶级）与贵族在公共生活中再也没有联系。其次，与一般人们想象的相反，贵族的种种免税特权不是中世纪的遗存，而是中央集权制发展的结果。王权逐渐剥夺了贵族的政治权力，但是，为了安抚与王权对立的贵族阶级，作为一种交换，"自15世纪到法国革命，免税特权一直不断增长"。贵族享有的各种特权尤其是免税特权彻底导致了资产者与贵族的不平等和互相孤立。第三，为了获取免税特权，资产者设法住进城市并在城市中获得职位，这就导致了资产者和农民的分离。第四，农民成了被遗弃的阶级。不仅其他阶级都离弃农民，而且政府对农民极其冷酷无情：把各种捐税徭役负担强加给他们，以严酷的司法对待他们。各阶级之间彼此隔离的恶果，一方面是"再也组织不起什么力量来约束政府，（但）也组织不起什么力量来援助政府"，[1]（P171）也就是说，政府实行分而治之，最后陷入孤家寡人；另一方面是，分裂的不同阶级彼此形同路人甚至仇敌，"在被重重障碍长期隔绝之后彼此重新接触时，他们首先触到的是他们的伤痛处，他们重逢只不过是为着互相厮杀。"[1]（P145）

有的评论认为，托克维尔不是把经济基础的变化，而是把中央集权制看做是导致大革命的主要原因，这颠倒了主次关系。其实，托克维尔对经济基础的研究是开创性的。索布尔指出："托克维尔在《旧制度与大革命》一书中十分重视土地问题和封建问题，也许更加重视所有权问题，这种好奇心在他那个时候是新颖的。"[2]（P86）而且，不难看出，托克维尔对政治与经济的互动的分析，远比割裂地排列经济和政治情况更有说服力。

三

在分析促成大革命爆发的众多直接因素时,托克维尔论及思想文化、宗教习俗、民族特性等,但是他主要强调启蒙运动和王权改革所起的作用,由此进一步揭示了诡异的历史现象背后的历史因果链条。

启蒙思想为大革命做了准备,这是常识。民主派把大革命视为启蒙思想的正义原则的实现,保守派则把大革命归咎于文人的蛊惑。与他们不同,托克维尔所要探讨的是启蒙思想的思维特征及其得以产生和传播的社会条件。

托克维尔发现,启蒙思想渗透着"抽象的文学政治",主张"用简单而基本的、从理性与自然法中汲取的法则来取代统治当代社会的复杂的传统习惯"。[1](P175)这种文学化政治思维之所以形成和传播,是因为法国缺乏政治自由。与英国不同,法国研究治国之道的作家与统治国家的人形成两个明确分割的区域,作家们没有参加社会实践,因此他们只会高谈阔论。热衷普遍性的理论,对于文人来说可能是美德,但对于政治家来说则很危险。至于为什么这种文学化政治思想会支配法国的政治生活,托克维尔则主要不是分析启蒙思想家和其他文人的作用,而是强调旧制度下法国人的普遍精神特征。在缺乏自由政治制度的国度里,普通人身受旧制度种种弊端之苦,但看不到医治具体社会病的药方,因此很容易形成非此即彼的思维:"要么全盘忍受,要么全盘摧毁国家政体。"[1](P177)贵族、资产阶级因长期被排斥在公共生活之外,缺乏政治经验,因此对于那种文学化政治理论的危险性毫无所知。贵族甚至把那些文人待为座上宾。国家高级官员也只精通行政事务，而不懂得治国安邦的根本法则，不能理解和预见社会潮流的动向及后果，因此也盲目地接受时髦的政治言辞。结果，全体法国人都"抛弃了现实社会，沉湎于虚构社会。人们对现实状况毫无兴趣，他们想的是将来可能如何，他们终于在精神上生活在作家建造起来的那个理想国里了。"[1](P181)

旧制度政府推行不彻底、半途而废的改革反而刺激大革命的爆发，这是托克维尔的一个独到而重要的发现。他指出，路易十六统治时期作为末代王朝却是迄当时为止社会经济发展最迅速的时期。他认为，尽管整个社会机器破旧简陋，但是这背后有两台发动机在推动公共繁荣，一是以上层阶级为标志的整个民族的觉醒，二是"依旧强大却不再实行专制、到处维持秩序的政府"。[1](P207)与我们的"常识"相反，在托克维尔笔下，路易十六政府乃是一个开明君主政府：国王实际上尊重和服从公众舆论；政府鼓励经济发展、实施公共工程；路易十六还尝试改革，屡试屡败、屡败屡试。但是，恰恰是路易十六政府的局部的开明、改革措施加速了大革命的爆发。托克维尔描述了这其中的微妙之处：

政府发起各种公共建设事业，与政府有金钱关系的人数惊人地增长，许多人萌发了发财暴富的欲望，但是，专制政府的财政管理不善使得宫廷的劣迹变成了千家万户的私人灾难，与政府关系最密切、最维护政府的那批工商业资产阶级也就变成了最激进的改革要求者；

国王和政府官员公开讨论社会政治弊端，国王屡屡试图减轻下层民众的负担，如废除农民的劳役制和手工业的行会，再如为消除额外增派而实行军役税公开措施，甚至要废除贵族的免税特权，这些口惠而实不至、半途而废的改革只是起了唤起民众不满情绪的作用；

波旁王朝任意侵犯民众的私有财产，对所欠私人借款拖延抵赖，在饥荒时期强行实施征集制、食品强制出售和最高限价等措施，对穷人实行严酷而不公平的司法措施等等，这些都是政府现身说法对民众进行革命方式教育；

大革命前夕（1787年），路易十六政府对司法部门、省级行政机构进行改革。这项改革"希图一举变革旧的方法、一下子匡正积年沉疴"，但是改革打乱了原有的权力秩序，使得每一个公民仿佛觉得"国家政府突然间更换了所有官员，更新了所有准则……所有法国人感受到了一种微小的特殊波动"。在这种人心普遍浮动不安的情况下，"最后一击便使它（国家）整个动摇起来，造成了前所未有的最大的动荡和最可怕的混乱。"[1]（P234）

托克维尔总结说："被革命摧毁的政权几乎总是比它前面的那个政权更好，而且经验告诉我们，对于一个坏政府来说，最危险的时刻通常就是它开始改革的时刻。"[1]（P210）

四

根据以上概述，我们不难看出，托克维尔在法国大革命的起因中发现了一个历史吊诡现象，即"革命的发生并非总因为人们的处境越来越坏"。[1](P210) 在某些情况下，革命与经济发展、政治改革之间却似乎存在着某种程度的正关联关系。托克维尔实际上提出了一个盖然性命题。托克维尔对法国大革命起因的解释是围绕着阐释这种吊诡现象或者说论证这个命题而展开的。

托克维尔的解释十分丰富精彩，其范围涉及了经济、政治、思想、宗教等方面，其中包含的政治观点、研究方法，不仅对于西方的法国革命史研究产生重大影响，而且对于后来其他超出史学研究领域之外的许多研究都具有启示意义。他的某些结论得到进一步阐释或修改。《旧制度与大革命》中译本的序言（张芝联）和导言（J.-P. 迈耶）对此有所论述。

需要指出的是，托克维尔对历史吊诡现象的揭示，即他所建立的研究命题，近几十年来在西方学术界格外受到重视。20世纪60至70年代是一个全球激荡的时期。动乱、革命与政治稳定成为西方学界的一个重要主题。一些现代化研究者发现，托克维尔命题具有很大的普适性。在许多国家的现代化进程中，在经济迅速发展时期，动乱、政变乃至革命发生的几率比较高，因为经济发展引起社会平衡被打破，贫富差距拉大，社会挫折感变得强烈等等。美国政治学家塞缪尔·亨廷顿在总结有关研究成果后提出一个更普遍的命题："现代性孕育着稳定，而现代化过程却孳生着动乱。"[5](P5) 同一时期，美国社会心理学家泰德·古尔更推而广之地提出"相对剥夺理论"来解释"人们为什么造反"。

他认为，由价值期望与价值实现能力之间的落差所造成的相对剥夺感乃是人们造反的心理原因。[6](P13)等等。当然，对于他们的结论也有种种异议。但是，托克维尔命题及上述学者的研究毕竟给我们开辟了一条不同的思路。

注释：

[1] 托克维尔：《旧制度与大革命》，冯棠译，商务印书馆 1992 年版。

[2] 索布尔：《法国大革命史论选》，王养冲编，华东师范大学出版社 1984 年版。

[3] 甘阳：《自由主义：贵族的还是平民的？》，李世涛：《知识分子立场——自由主义之争与中国思想界的分化》，时代文艺出版社 2000 年版。

[4] 托克维尔：《论美国的民主》，董果良译，商务印书馆 1988 年版。

[5] 塞缪尔·亨廷顿：《变革社会中的政治秩序》，李盛平等译，华夏出版社 1988 年版。

[6] Ted Gurr, Why men rebel, Princeton university press, 1970.

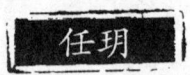

托克维尔笔下的旧制度与大革命

托克维尔的文字总是透露出其对历史和时代的洞幽察微与清醒判断。作为托克维尔最有力量、最为成熟的作品，《旧制度与大革命》却被傅勒称为"引用的人多，读它的人少；涉猎的人多，读懂的人少"。[1] 其原因恐怕在于人们多将注意力投向书中无处不在的妙语警句，未能整全地看到他从历史坟墓中复活的旧制度及其对旧制度下法国社会的真知灼见。笔者认为，《旧制度与大革命》一书的主旨在于阐明路易十四以来的中央集权制度不仅导致大革命的爆发，还塑造了革命后的政治体制与社会结构，成为法国构建自由宪政道路上的隐秘障碍。走出旧制度的阴影有赖于在法国既有的中央集权与单子式个人之间建设有活力的社会中间团体，而这需要从美国经验中汲取智慧。

一、旧制度与中央集权

与托克维尔同时代的很多人都对中央集权存有误解。他们只看到了大革命将以往一切推翻在地的激进性，认为中央集权制是大革命创造出来的新事物。通过对18世纪法国历史文献的研究，托克维尔发现，法国大革命后建立的中央集权制不是大革命的产物，而是"旧制度的产物……是旧制度在大革命后仍保存下来的政治体制的唯一部分"。[2]

托克维尔用很大篇幅描述了法国在大革命前就已形成的中央集权制。在这种体制下，地方被中央淹没，各阶级之间彼此隔离，贵族远离权力中心，各地区、各团体的政治自由逐步丧失，中央政府几乎实现了对国家全面而绝对的控制。中央集权最为显著的特征还不在于其强大的压迫性，而是其无处不在，深入社会各个层面，进入国民的日常生活。正如托克维尔所说："在18世纪，政府权力已经十分集中，极其强大，惊人地活跃，它不停地赞助、阻止或批准某项事业。它许诺很多，给予也很多。它以各种方式施加影响，不仅主持大政方针，而且干涉家家户户，以及每一个人的私生活。"[3] 中央集权下的政府已担当起社会"监护人"的角色。

旧制度中的中央集权制是如何建立起来的？托克维尔认为这既是各种历史因素综合演进的结果，也渗透着以魁奈为代表的经济学派即重农学派的思想。他们普遍注重行政权力，轻视政治自由，反对针对政府权力建立任何制衡力量。经济学派勾勒出的理想社会正是大革命后所建立的社会，在旧制度下这个社会已隐约可见。

二、大革命前旧制度下的法国

托克维尔从几个方面描述了旧制度下的法国。

第一，贵族制度名存实亡。从路易十四开始，国王逐步任用平民出任行政官员，贵族不再是掌权阶级，沦落为只享有身份特权的封闭的种姓。他们把居住地从农村迁徙到城市，从此与土地失去了直接联系，同农民的关系也从领导者蜕变为收取地租的债权者。贵族原本是中央政权与农民间的纽带与屏障，但失去权力并离开农村使贵族彻底摆脱了对农民的治理义务，也导致农村共同体因缺乏领袖而难以凝聚，直接暴露在中央政权之下。

第二，司法独立泯灭。中世纪的法官由贵族出任并终身任职，在某种程度上不受国王控制，具有一定的独立性。路易十四以后，国家行政机构的司法权力不断扩展。御前会议对司法的干涉越来越多，司法机构所制定的条例在"大革命前40年间，无论社会经济或政治组织方面，没有一部分不经御前会议裁决修改"。[4] 御前会议还以"调案"的方式"从普通法庭手中夺走涉及政府的案件"[5]，专横地庇护大小官员，最终将与行政有关的所有诉讼从法院系统中剥离出来。

第三，地方自治湮灭，中央控制地方行政。18世纪的法国，中央政府逐步克服封建制度的多样性，控制地方的一切事务，无论巨细，甚至"要想修补被风刮坏的教堂房顶，或重建本堂神甫住所坍塌的墙垣，必须获有御前会议的裁决"。[6] 大革命前，中央行政权力已经逐步侵吞了城市与农村的自主与独立。而一旦地方自治被剥夺，地方权力被抽空，人民也就只能听任强大的国家权力为所欲为。

第四,旧制度下的法国人相似并疏离,形成一个原子化社会。中央集权制摧毁了具有自由堡垒作用的社会中间架构。一方面,所有人都处于同等地位,变得极为相似,"相互之间再没有种姓、阶级、行会、家庭的任何联系";[7] 另一方面,人们彼此疏离,难以合作,"专制制度夺走了公民身上一切共同的感情,一切相互的需求,一切和睦相处的必要,一切共同行动的机会……用一堵墙把人们禁闭在私人生活中"。[8] 就这样,中央集权把社会原子化为一个个孤立的个体。当个人直接面对国家权力时,由于缺乏中间团体的保护,只能任由国家侵害。

第五,人民缺少政治参与和政治实践的机会。牧人式中央集权的一个直接后果就是人民政治生活的丧失,社会自我管理能力的萎缩。托克维尔对此深有感触:"尽管知识已普遍进步,可是离我们年代越近,土地赋税清册反倒变得模糊、杂乱无章、记载不全而且混乱不堪。"[9] 贵族和资产阶级被集权政府排除在一切公共生活之外,缺乏政治经验,整个法兰西民族对自身事务极为生疏。民众因失去了自主管理和政治参与的能力,变得对中央集权无比依赖,"在个人眼中,中央政权已成为社会机器的唯一动力,成为公共生活所必须的唯一代理人"。[10] 他们处处求助于中央政府,以至于在法国,政府"取代了上帝"。[11] 因此,一方面,中央集权消解了社会力量,另一方面,分散软弱的社会力量又强化了中央集权。可以说,旧制度下的中央集权及其对国民政治自由和政治生活的剥夺,已在各方面为旧制度的毁灭和大革命的爆发做好了准备。

三、新法国的旧制度阴影

推翻君主制、建立新法国的大革命，在托克维尔看来，其"成就远较外人所想象的和他们自己最初所想象的要小"[12]，因为革命之后的国家本质上是旧制度及其精神的延续甚至加强。旧制度已削弱了封建制，大革命则完成了它未竟的事业；旧制度包含中央集权，大革命则强化了中央集权。新旧法国在很多方面惊人地相似，新政权中处处可以看到旧制度的影子。

第一，法国大革命以激进的方式彻底摧毁了封建制度，但旧制度的核心——中央集权制并没有消失，反而在新社会得以巩固。表面上，大革命攻击一切现存权力和传统习俗，但"搬开这些残渣碎片，你就会发现一个庞大的中央政权，它将从前分散在大量从属权力机构、等级、阶级、职业、家庭、个人，以及散布于整个社会中的一切零散权力和影响，全部吸引过来，吞没在它的统一体中"。[13]这是因为大革命进一步打碎了社会的中间团体，革命后的社会由孤立的个体组成，而个体又是虚弱的，不足以胜任公共行动，于是中央集权成为构建国家的基础。这一历史逻辑曾由信条派领袖人物、被托克维尔视为精神之父的罗亚·科拉尔作过精当阐释："革命留下的只是个体……化为废墟的社会之上出现了集权……事实上，在只有个人的地方，所有不属于个人的事务都是公共事务，是国家的事务。"[14]

第二，旧制度塑造了法国的民情，而民情不仅作用于大革命，也对法国未来产生潜在却不可忽视的影响。人们"在不知不觉中从旧制度继承了大部分感情、习惯、思想，他们甚至是依靠这一切领导了这场摧毁旧制度的大革命"[15]。革命者们想借中央政权之手来摧毁一切，并按照他们自己设计的方案再造一切。法兰西民族对中央政府的信赖，渗透到一切人的精神中，与风尚融为一体，进入人们的习俗，深入到所有各部门，一直到日常生活的实际中。"大家都认为，若是国家不介入，什么重要事务也搞不好。"[16]这种中央集权主义倾向在19世纪始终是法国民情的一部分，它不是肇始于大革命，而是深藏于旧制度。

第三，在新法国，已被旧制度启动的社会原子化趋势进一步加强，个人主义社会逐渐形成，政治让位于私人生活，政府集权化更加明显。旧制度和大革命共同摧毁了保护个体的中间组织，弱小的个体倾向于退回私人世界，远离公共领域，个人主义成为社会普遍的信念。人们醉心于物质福利，把公共利益弃置一旁，对政治生活漠不关心。这样，一方面，社会中间团体被打碎，个体只能仰仗集权政府安身立命；另一方面，对财富和安逸的追求使人们不愿献出精力参与公共事务，需要强大的政府帮助他们谋求福利。而令托克维尔忧惧的是，在这个单调划一的大众社会，当个体退居于私人生活而陷于孤立时，专制将乘虚而入。

旧制度摧毁了社会中保障自由的中间团体，塑造了具有集权倾向的民情，而革命后的新法国，人们在追逐私人享乐中彼此疏远，逐渐丧失单独或相互合作解决社会与政治问题的能力，转而一致性地依赖行政权力，其结果就是"一个比大革命所推翻的政府更加强大、更加专制的政府"。[17] 就这样，中央集权制在大革命后的新社会得以重生，并从此成为法国政治的一条主线。

托克维尔写作此书时大革命已结束六十多年，背负着集权重轭的法国却仍步履蹒跚地在革命与专制中挣扎，看不见自由的踪影。正如他在回忆录中所说："在法国，只有一件事情办不到，那就是建立一个自由的政府；而唯一破坏不了的制度，则是中央集权制。"[18]

四、托克维尔的药方：向美国学习

只有走出旧制度的梦魇，才能破解法国的历史难题。面对一盘散沙的原子化个人与高高在上的全能政府，如何建立自由宪政？这始终是托克维尔思考与写作的现实关怀。同时代的很多法国人都把英国模式视为榜样，认为英国才是法国的未来："1789 完成了 1640，现在的法国所期待的是在将来某个时候，以某种方式实现 1688。"[19] 对此，托克维尔并不认同。

为什么不是英国？托克维尔指出，一个国家的社会结构会对其政治选择做出限定。英法革命发生的时代与社会背景有很大不同，英国宪政秩序的建立有其独特逻辑。首先，英国的宪政之路是一个渐进过程，贵族作为政权的建设性力量存在，政府处在持续的调适中；而法国已经失去了可以保守的政治资源，贵族制度不复存在，也无法恢复。其次，英国革命只是改变政体的政治革命,远未触动社会的结构、习俗和习惯;而法国革命从一开始就成为一场整体的革命,在"摧毁了政府结构之后,又动摇了社会基础"。[20] 此外,"在英国,第三等级与贵族联合击败了王权,在法国则是第三等级和王权结盟摧毁了封建制度和贵族"[21],其结果就是法国的中央集权。当然,法国也不是没有任何机会走上英国之路,但终究在旧制度下化作泡影。托克维尔遗憾地写道,法国曾经拥有和英国一样的贵族制度、一样的司法独立、一样的自治传统和一样的自由精神,但路易十四以来的中央集权化过程令贵族失去了政治权力和品格,摧毁了社会中间团体,塑造了认同专制的民情,这一切使法国与英国渐行渐远。

既然历史趋势不可阻挡,既然社会结构已成定局,法国就不可能在一个封建制度荡然无存的原子化社会的基础上建立起包含诸多传统因素残痕的英国式自由宪政,而只能把目光投向不曾经历过旧制度的美国。事实上,托克维尔1831年的美国之行正是在为法国寻找出路。他曾说过,《论美国的民主》"这本书主要是为法国人写的……是从法国人的角度写的"。[21] 美国经验所展示的正是在个人主义的社会基础上如何立国才能避免集权与专制。

对比法国,考察美国,托克维尔主张挖掘和培植社会中一切有助于保持自由和抵御专制的因素来构建自由宪政秩序。他重点从宗教自由、结社自由、政治参与和乡镇自治等几个方面展开论述。宗教是国家稳定与个人安全的重要保障。美国人普遍认为"没有宗教,文明社会,特别是自由社会，便无法生存"。[22] 此外，构筑社会的公共空间，培植多种社会权力来制约政府权力是保障自由的重要手段。既然法国的旧制度和大革命一起夷平了天然的社会中间力量，那么结社就是弱小个体联合起来对抗专制、捍卫自由的重要手段。托克维尔还强调，个人只有通过政治实践才能完全实现自由，因为个体只有走出私人空间，与其他公民一起参与政治，才能克服孤立、软弱而获得力量。美国的乡镇自治更被托克维尔大力推崇。在他看来，乡镇"是自由人民的力量所在。乡镇组织之于自由，犹如小学之于授课。乡镇组织将自由带给人民，教导人民安享自由和学会让自由为他们服务"。[23] 在美国，相对收缩的政府和强大的公民社会构成了一种新的政治——社会模式，而这正是美国保持自由和繁荣的原因所在。

从《论美国的民主》到《旧制度与大革命》，写作内容不同，背后主旨却一以贯之。托克维尔根据对美国的考察，提出了以培育社会中间团体、促进人民政治参与、构建公民社会来保障自由、抗衡行政集权、走出旧制度阴影的宪政建设路径。这是他对法国的思考，而与法国有着相似背景且仍在探索出路的中国未尝不能从中汲取某些智慧，因为"历史是一座画廊，在那里原作很少，复制品很多"。[24]

参考文献：

[1] 弗朗索瓦·傅勒：《思考法国大革命》，孟明译，生活·读书·新知三联书店2005年版，第26页。

[2][3][4][5][6][7][8][9][10][11][12][13][15][16][17][20][23][25]托克维尔：《旧制度与大革命》，冯棠译，商务印书馆1992年版，第74，30~31，81，93，90，34，35，56，107，109，29，48，29，107，32，42，188，104页。

[14][21][22]《思想与社会》编委会：《托克维尔：民主的政治科学》，生活·读书·新知三联书店2006年版，第20，19，109页。

[18]托克维尔：《托克维尔回忆录》，董果良译，商务印书馆2004年版，第217页。

[19]Francois Furet,Intellectual Origins of Tocqueville's Thought,The Tocqueville Review（1986），p.120.

[24]托克维尔：《论美国的民主》（上卷），董果良译，商务印书馆1997年版，第67页。

连清川

复盘托克维尔的法国经验

一本在长时间中仅仅被视为学术著作的书,在以往的时光中多数只是在小圈子中流行的政治哲学著作,居然在短时间之中,成为街谈巷议的热门书籍。这不能不说是一种奇迹。更何况,这本书已经有了150多年的历史,标准地属于"故纸堆"行列。如果不是在近来的新闻中被提及,想来《旧制度与大革命》也会一直停留在学术圈中,默默地充当它作为政治哲学经典的角色,被稀少得可怜的人谈论,成为晦涩论文中并不起眼的注释与引文,在象牙塔中偏安一隅。

当然,即使它有"复活与翻新"之势,也很难说,它的精神与内在会被许多人所关注,从而流布于公共领域,抑或人们日常生活之中。

但是《旧制度与大革命》和它的作者托克维尔所阐发的许多政治哲理与奠基的许多政治理念,的确已经汇入了一些国家的脉络之中,成为其公共治理精神来源与日常生活潜意识。这或许才是我们今天重新去理解和思考这本书的真正充足与长久的意义,即,如何把这本书的思想资源,用以滋养我们的观念与习惯。

就法国大革命这个题材而言，托克维尔并不是开启讨论的人，也并不是终结这个话题的人。在谈论《旧制度与大革命》的时候，在我个人的视野所及中，仍然必须涉及在他之前、法国大革命的第二年就已经发表的，英国保守主义思想家埃德蒙·伯克的《法国革命论》，以及托克维尔先于《旧制度与大革命》写作，但是看起来像是它的续篇的《论美国的民主》。

大革命革了谁的命？

托克维尔在书的前言中提出，"1789年，法国人以任何人民都从未尝试的最大努力，将自己的命运断为两截，把过去和将来用一道鸿沟隔开……他们为自己制订了种种限制，要把自己塑造得与父辈迥异，他们不遗余力要使自己面貌一新。"

这几乎是所有希冀社会大踏步前行的善良人们的意愿。难道不是吗？如果一个引领者振臂一呼，却告诉他的追随者们，我们将塑造一个在以往的基础上建立的世界，他如何能够揿动按钮激活人们对全新未来的渴望。法国大革命几乎就是荡涤一切的代名词，打破旧世界，催生新世界，就是其初衷。

然而，深入阅读托克维尔却只能得到大相径庭的结论。他所思考的，是法国大革命的全过程：从哪里来，改变了什么，到哪里去。悖论的是，"我发现许多原以为源于法国大革命的感情，许多一直我认为只可能来自法国大革命的思想，和只产生于法国大革命的习惯，却来自于深植于这片古老土壤中的根系。"

托克维尔是二百多年前那场运动的同情者,他深刻地认同那场大变革的理由与必要性。但客观看,法国大革命之前的社会状况,并不是法国历史之中最糟糕的时代,反而是在经历了一段痛苦磨难岁月之后,相对开明与富足的时代。某种程度上,可以说旧制度的罪恶在这个时候已然减缓。

不无可悲的是,法国旧王朝在以往的岁月中曾合理运行并且维护过社会,然而当一个新时期降临,其癫狂错乱却放大到高峰。国王路易十六及僧侣、贵族掌权阶层,试图强力维持王权的统治,剥夺地方的权力以致地方的行政崩溃;政府放任对于财富与权力的追求以误导社会发展的方向,以至于整个社会自私而冷酷,公共精神完全丧失;"贵族只剩下头衔与特权,对周围的事务不再起任何影响",而民众却在整个社会的秩序颠倒之中无法找到安身立命所在。

也就是说,旧王朝的所有痼疾,由于竭力寻求自我的安稳与延续,在变革已经大范围地被民众认同的背景下,反而引发了整个社会的"大爆炸"。于是,法国大革命成为了一种逻辑的自然发展。

如果托克维尔仅仅到这里就戛然而止,那么他不过是个普通的政治历史叙述者而已。他对于之后所发生的历史的探索,才真正是使他成为不朽的原因,即:法国大革命为什么把社会又重新带回了原有的痼疾之中。

托克维尔发现,法国大革命与过去进行切割的努力,所得到的结果却是事与愿违。伟大的目标与微小的变革完全脱节，行政体系与风尚依然如昨，大革命空有了一个名头，但是所宣扬的口号却根本没有实现。人们逐渐发现，法国大革命就是一场血腥的梦想，在付出了许多断头台和激情之后，只收获了口号式的空头名誉。

旧王朝的确被推翻了，这看来就是法国大革命目的之所在。但只是打碎了外壳，在新制度名义之下，深层次的种种依然故我。那些一度震撼人心的宣言、口号、许诺，只是空头支票，官僚、落后和分裂仍然是社会的现实。

法国大革命为何会出现这个结果？另外一个法国哲学家雅内写道："革命很少尊重个人自由，革命崇拜武力，盲目信奉中央政权至高无上的权力；人们想，革命在现代社会确立了社会地位平等，谁能说革命不会像昔日的罗马帝国一样为新形式的专制暴政铺平道路。"也就是说，那场运动一下子就把变革的基调与旋律迫不及待地提升到它最崇高的理想上，整个就是一个凌空虚蹈的架构，它并不建立在实质的社会变更的基础之上，也就是，对现代社会基本共识与要素的真实建设上。而是试图直接搭架新世界。在缺乏基础的前提下，法国大革命唯有回头来寻找制度根源。

而在1790年即已写就的《法国革命论》中，伯克先于托克维尔预言了法国大革命的结果。他不屑于法国大革命的这种激情，而盛赞英国的"光荣革命"和（讽刺地）推翻了英国统治的美国独立革命。因为在他看来，无论是英国还是美国，都是在尊重旧有的制度秩序的前提下，把公民的权利放在革命的前提下，在秩序的逐渐改变下，通过现实主义的改良，逐渐改变旧制度的不合理成分，从而实现总体社会的进益。因此，伯克成了现代"保守主义"的老法师。这个宗派倡导的，乃是一种不彻底的，然而持续的前进方式，让新制度渐进步入舞台中央。

大革命后向何处去？

然而在旧制度的框架下，革命毕竟是要发生的。即便法国大革命是以一种悲剧结束的，但是所有的新制度要取代旧制度，都必须通过革命的方式，温和的光荣革命，不温和的独立革命，都终将取代旧制度。怎样的革命才是"正确的革命"？或者说，向何处去的革命才是"正确的革命"？

早在托克维尔1835年出版的《论美国的民主》中，他试图通过观察论述美国民主的原则、框架和社会行为，希望能从中推导出，他所认为的一些具有普遍性意义的社会制度框架，从而为当时的法国提供借鉴。

为什么法国大革命对于崇高目标的企盼与激情并不亚于甚至高于美国独立运动，最后却事与愿违，旧有统治改头换面卷土重来？托克维尔认为，"在我们这一代，领导社会的人肩负的首要任务是：对民主加以引导，如有可能，重新唤起民主的宗教信仰；洁化民主的风尚；规制民主的行动；逐步以治世的科学取代民情的经验，以对民主的真正利益的认识取代其盲目的本能；使民主的政策适合时间和地点，并根据环境和人事修正政策。"

托克维尔终其一生，都在警惕"民主的暴政"。而法国大革命的确也是民主暴政的一个重要牺牲者。但是，托克维尔认为美国独立运动后产生暴政的可能性极小，因为它所建立的基础，乃是在一个平等的基础之上。或者说，因为它的目标之一，就是不断地使平等更加充分从而成为社会的基本准则。

在美国的早期社会之中，同样大量地存在贵族。但正是美国所普遍施行的这一基本原则，使贵族逐步丧失了其特权地位终至消失，从而使平等遍行于野。因此，如果说法国大革命的确有一个目标的话，那就是上述新制度和新原则的实现和施行。

因此，在《旧制度与大革命》之中，尽管托克维尔是法国大革命的同情者，却最终成为其反叛者。因为法国的激进者们所试图推翻的旧制度和建立的新制度，都并不是在现实主义与传统主义的基础之上进行的，其结果终究是回归了旧制度。

《旧制度与大革命》于是告诉了我们两个哲学性的趋势：其一，旧制度在世界变更的时代之中，必定要置于改革的冲动之下。而改革一旦启动，就无从停止。而旧制度在这个时候如果仍然试图维持其旧有的统治秩序的话，大革命必定要发生。因而，旧制度必须在改革之中得以变更。其二，大革命的目标，并不是彻底地废除旧制度，从而平地起高楼地重新建立起一个与以往迥然相异的新制度。而毋宁是对于旧制度的持续不断地革命，从而把平等、民主和自由真正赋予人民，才有可能建立新制度。暴烈的大革命并不能达到平等、民主和自由的目标，反而是温和与持续的革命才是终极的道路。

在我看来，《旧制度与大革命》本身并不是理论阐释，反而是在对法国大革命的理论考察之下，提出的一个改变旧制度的行动指南。而恰如我在文章开头所说，至于有多少人能够看懂它的精神与内在，未得可知。只是有一点，看懂的人越多，代价就越小。

谌旭彬

《旧制度与大革命》解读的七个问题

"我将试图说明：同样是这些法国人，由于哪些事件，哪些错误，哪些失策，终于抛弃了他们的最初目的，忘却了自由，只想成为世界霸主（拿破仑）的平等的仆役；一个比大革命所推翻的政府更加强大、更加专制的政府，如何重新夺得并集中全部权力，取消了以如此高昂代价换来的一切自由，只留下空洞无物的自由表象；这个政府如何把选举人的普选权标榜为人民主权，而选举人既不明真相，不能共同商议，又不能进行选择；它又如何把议会的屈从和默认吹嘘为表决捐税权，与此同时，它还取消了国民的自治权，取消了权利的种种主要保障，取消了思想、言论、写作自由——这些正是1789年取得的最珍贵、最崇高的成果，而它居然还以这个伟大的名义自诩。"

这是托克维尔当年写作《旧制度与大革命》时的初衷，也是解读其"法国大革命启示录"的切入点。

一、革命往往会在对苛政"感受最轻的地方"爆发

托克维尔在研究法国大革命的时代背景时发现了一个"悖论":大革命是在人民对苛政"感受最轻的地方爆发的"。"大革命的特殊目的是要到处消灭中世纪残余的制度,但是革命并不是在那些中世纪制度保留得最多、人民受其苛政折磨最深的地方爆发,恰恰相反,革命是在那些人民对此感受最轻的地方爆发的。"

托克维尔如此解释这一"悖论":"革命的发生并非总因为人们的处境越来越坏。最经常的情况是,一向毫无怨言仿佛若无其事地忍受着最难以忍受的法律的人民,一旦法律的压力减轻,他们就将它猛力抛弃。被革命摧毁的政权几乎总是比它前面的那个政权更好,而且经验告诉我们,对于一个坏政府来说,最危险的时刻通常就是它开始改革的时刻。只有伟大天才才能拯救一位着手救济长期受压迫的臣民的君主。人们耐心忍受着苦难,以为这是不可避免的,但一旦有人出主意想消除苦难时,它就变得无法忍受了。当时被消除的所有流弊似乎更容易使人觉察到尚有其他流弊存在,于是人们的情绪便更激烈;痛苦的确已经减轻,但是感觉却更加敏锐。封建制度在盛期并不比行将灭亡时更激起法国人心中的仇恨。路易十六最轻微的专横举动似乎都比路易十四的整个专制制度更难以忍受。"

二、经济繁荣何以反倒加速了革命的到来

在考察法国大革命爆发的历史背景时,托克维尔还观察到了另一

个"悖论":大革命前20年,社会财富正以前所未有的速度蓬勃增加,"人口在增加,财富增长得更快。……国家因战争负债累累;但是个人继续发财致富,他们变得更勤奋,更富于事业心,更有创造性";"公共繁荣在大革命后任何一个时期都没有大革命以前20年中那样发展迅速。"

为何社会财富蓬勃增长的过程中,却爆发了惊世骇俗的大革命?尤其是当托克维尔观察到:革命前夕的法国政府虽然依旧足够强大,但却不再单纯地实行专制,而是在"到处维持秩序";法国民众则"每个人都能随心所欲地发财致富,可保住已取得的财富"。这样的情势下,为什么还会爆发摧毁一切的大革命?

托克维尔给出的答案是:尽管法国政府在大革命爆发前已经部分转换了自己的角色,致力于"促进公共繁荣,发放救济金和奖励,实施公共工程",但它仍保留着许多专制政府的毛病。在革命爆发前的20年里,政府一方面积极鼓励民众发家致富,另一方面则发起各种新兴事业,成为国内市场最大的消费者,民众与政府之间的贸易关系以惊人的速度增长。但结果民众收获了更大的失望,因为政府残留了太多专制时代的毛病,民众"用自己的资本去买政府的公债,他们绝不能指望在固定时期获得利息多";民众"为政府建造军舰,维修道路,为政府的士兵提供衣物,他们垫出的钱没有偿还的担保,也没有偿还期限,他们不得不算计与大臣签订的合同运气如何,就像搞冒险贷款一样";……

所以，托克维尔总结道："一场浩劫怎能避免呢？一方面是一个民族，其中发财欲望每日每时都在膨胀；另一方面是一个政府，它不断刺激这种新热情，又不断从中作梗，点燃了它又把它扑灭，就这样从两方面催促自己的毁灭。"

三、将某一社会阶层推入孤立、失语的困境，很可能就等于把他们推向了革命

农民是法国大革命的主力，也是法国最大的底层社会群体。据托克维尔的调查，在革命爆发前夕，法国农民已"不再受那些封建小恶霸的欺凌；来自政府的强暴行为也很少涉及他们，他们享受着公民自由，拥有部分土地"。既如此，按常理推断，18世纪的法国农民，显然要比13世纪处于完全封建专制时代的法国农民生活得更好才对。

但托克维尔所见到的事实却不是这样的："但是所有其他阶级的人都离弃他们，他们处境之孤单也许为世界上任何地方所仅见。这是一种新奇的压迫。"托克维尔所指的，不单单是旧时代的贵族们在政治权利丧失后，纷纷抛弃农村搬往了城市；18世纪的法国农村，但凡稍有资产者，无不千方百计离开农村迁往城市——"文献证明，农村里几乎从未见过超过一代的富裕农民。种田人一旦靠勤勉挣到一点财产，便立即令其子弟抛开犁锄，打发他进城，并给他买下一官半职"——农民被其他阶层抛弃了，最后，农民自己也抛弃了自己。农村陷入一种荒芜状态。

国家一直在进步。王权实现了前所未有的中央集权；旧贵族丧失了原有的政治权力，但他们获得了丰厚的补偿，免缴了大部分的公共捐税；资产阶级则获得了巨大的商业利益。唯独农民，在新时代没有得到任何好处，相反，他们被抛弃在死寂的农村，权益无人过问，压迫则花样翻新层出不穷。托克维尔感叹道："如果在农民身旁有一些既有钱又有教养的人，他们即使无意保护农民，至少有兴致、有权力在掌握穷人和富人命运的那个共同主宰面前，替农民求情，那么所有这些新的压迫能制定吗？"

但"既有钱又有教养"的旧贵族和新资产阶级都对农民不感兴趣。在大革命爆发的前夜，旧贵族竭力维护自己的既有特权，新资产阶级则竭力为自己谋取新特权，没有人关心丧失了与上层社会的沟通能力的农民，没有人在意农村的失语，而是任由他们生活在孤苦无助的深渊里。穷人和富人之间几乎不再有共同的利益、共同的抱怨、共同的事务，其实是一件相当恐怖的事情。后来的结果众所周知：旧贵族被大革命碾得粉碎；曾一度将革命的锤子递交到农民手里的新资产阶级，则很快被农民用锤子砸碎了脑袋。

四、专制社会里，民众无法参与公共事务，彼此孤立，最终只会变得越来越自私自利

专制政体与社会道德水准之间的关系，似乎很少有比托克维尔在《旧制度与大革命》中说得更精辟的了：

"在这种（专制）社会中，人们相互之间再没有种姓、阶级、行会、家庭的任何联系，他们一心关注的只是自己的个人利益，他们只考虑自己，蜷缩于狭隘的个人主义之中，公益品德完全被窒息。专制制度非但不与这种倾向作斗争，反而使之畅行无阻；因为专制制度夺走了公民身上一切共同的感情，一切相互的需求，一切和睦相处的必要，一切共同行动的机会，专制制度用一堵墙把人们禁闭在私人生活中。人们原先就倾向于自顾自，专制制度现在使他们彼此孤立；人们原先就彼此凛若秋霜，专制制度现在将他们冻结成冰。"

"在这类社会中，没有什么东西是固定不变的，每个人都苦心焦虑，生怕地位下降，并拼命向上爬；金钱已成为区分贵贱尊卑的主要标志，还具有一种独特的流动性，它不断地易手，改变着个人的处境，使家庭地位升高或降低，因此几乎无人不拼命地攒钱或赚钱。不惜一切代价发财致富的欲望、对商业的嗜好、对物质利益和享受的追求，便成为最普遍的感情。这种感情轻而易举地散布在所有阶级之中，甚至深入到一向与此无缘的阶级中，如果不加以阻止，它很快便会使整个民族萎靡堕落。然而，专制制度从本质上却支持和助长这种感情。这些使人消沉的感情对专制制度大有裨益；它使人们的思想从公共事务上转移开，使他们一想到革命，就浑身战栗，只有专制制度能给它们提供秘诀和庇护，使贪婪之心横行无忌，听任人们以不义之行攫取不义之财。若无专制制度，这类感情或许也会变得强烈；有了专制制度，它们便占据了统治地位。"

医治这种因专制而导致的社会道德堕落的办法,在托克维尔看来,只有给予公民真正的"自由":"只有自由才能在这类社会中与社会固有的种种弊病进行斗争,使社会不至于沿着斜坡滑下去。事实上,唯有自由才能使公民摆脱孤立,促使他们彼此接近,因为公民地位的独立性使他们生活在孤立状态中。只有自由才能使他们感到温暖,并一天天联合起来,因为在公共事务中,必须相互理解,说服对方,与人为善。只有自由才能使他们摆脱金钱崇拜,摆脱日常私人琐事的烦恼,使他们每时每刻都意识到、感觉到祖国高于一切,祖国近在咫尺,只有自由能够随时以更强烈、更高尚的激情取代对幸福的沉溺,使人们具有比发财致富更伟大的事业心,并且创造知识,使人们能够识别和判断人类的善恶。"

五、中间势力难以生存的社会,是"最难摆脱专制政府的社会"

在法国实现完全的中央集权之前,贵族制曾维持了很多年。大革命爆发前夕,法国的中央集权已经达到了一种很高的程度,各种在贵族制下分散的权力已全部被中央政权吞没,严格来说,是被巴黎所吞没。贵族作为一个连接上层统治者与下层被统治者的中间势力,被迫退出了政治舞台。能够制约中央集权的力量,也随之消失。从此,"人们相互之间再没有种姓、阶级、行会、家庭的任何联系",再没有任何新的中间组织或阶层能够兴起,以代替贵族势力退出后留下的空当。

在考察了大革命前的集权专制与大革命后的集权专制之后，托克维尔失望地感叹道："长期以来一直最难摆脱专制政府的社会，恰恰正是那些贵族制已不存在和不能再存在下去的社会。"

托克维尔所谓的"贵族制"，其实是"中间势力"的代名词。没有了中间势力，民众就陷入了原子化状态，迫使每个具体的民众独自去面对强大的专制国家机器。个体的原子化的最终结局，就是政治生活从民众当中完全消失——单个的民众无力对抗庞大的国家机器，最终必然选择远离政治生活。其后果，托克维尔也说得非常清晰：

"法国是很久很久以来政治生活完全消失的欧洲国家之一。在法国，个人完全丧失了处理事务的能力、审时度势的习惯和人民运动的经验，而且几乎丧失了人民这一概念，因此，很容易想象全体法国人怎么会一下子就落入一场他们根本看不见的可怕的革命，而那些受到革命最大威胁的人却走在最前列，开辟和扩展通向革命的道路。"

大革命由完全没有政治生活经验的各种人群引发并掌控，其结局可想而知。最让托克维尔难以接受的，是革命的引导者是一群毫无现实政治生活经验的"哲学家"，而之所以会由"哲学家"来引导革命，而不是由社会活动家来引导革命，其原因也恰恰在于中央集权的法国，没有中间势力，产生不了社会活动家。托克维尔说：

"由于不再存在自由制度，因而不再存在政治阶级，不再存在活跃的政治团体，不再存在有组织、有领导的政党，由于没有所有这些正规的力量，当公众舆论复活时，它的领导便单独落在哲学家手中，所以人们应当预见到大革命不是由某些具体事件引导,而是由抽象原则和非常普遍的理论引导的,人们能够预测,不是坏法律分别受到攻击,而是一切法律都受到攻击,作家设想的崭新政府体系将取代法国的古老政体。……理论的和善与行为的强暴形成对比,这是法国革命最奇怪的特征之一,如果人们注意到这场革命是由民族中最有教养的阶级准备,由最没有教养、最粗野的阶级进行的,就不会为此感到惊奇。"

六、民众"搞革命"时的种种不适当的方式,其实都是政府教的

与托克维尔同时代的大多数思想家,包括今天的许多学者,都曾致力于批判法国大革命过程中的暴力、血腥以及对个人权利的藐视,等等。但很少有人能够像托克维尔那般,窥见大革命过程中的这些暴力、血腥以及对个人权利的藐视,其实都源自政府多年的"教导"。托克维尔说:"我掌握事实,所以敢说,……旧制度给大革命提供了它的许多形式,大革命只不过又加进了它的独特的残忍而已。"

托克维尔举了不少案例来说明这个问题,譬如:大革命时期,对私有财产的掠夺,一度达到了令人发指的地步。托克维尔认为这种行为,与旧政权的"教导"有密切关系:

"路易十四以后的朝代中,政府每年都现身说法,告诉人民对私有财产应持轻视态度。18世纪下半叶,当公共工程尤其是筑路蔚然成风时,政府毫不犹豫地占有了筑路所需的所有土地,夷平了妨碍筑路

的房屋。桥梁公路工程指挥从那时起，就像我们后来看到的那样，爱上了直线的几何美；他们非常仔细地避免沿着现存线路，现存线路若有一点弯曲，他们宁肯穿过无数不动产，也不愿绕一个小弯。在这种情况下被破坏或毁掉的财产总是迟迟得不到赔偿，赔偿费由政府随意规定，而且经常是分文不赔。……每个所有者都从切身经历中学会，当公共利益要求人们破坏个人权利时，个人权利是微不足道的。他们牢记这一理论，并把它应用于他人，为自己谋利。"

七、在革命过程中，追求自由要比追求平等更加重要

追求自由与平等是法国大革命的两大终极目标。革命者"不仅想建立民主的制度，而且要建立自由的制度；不仅要摧毁各种特权，而且要确认各种权利，使之神圣化"。尽管《人权宣言》里也将"自由"与"平等"并列，但托克维尔还是相当失望："在为大革命作准备的所有思想感情中，严格意义上的公共自由思想与爱好是最后一个出现，也是第一个消失的。"

在革命的大潮中，"自由"之所以敌不过"平等"，法国在中央专制集权统治下长期缺乏公共自由，是一个重要的背景因素，但并不是主要因素。最主要的原因，正如托克维尔所说："对于那些善于保持自由的人，自由常常带来财富；但有些时候，它暂时使人不能享受这类福利；在另些时候，只有专制制度能使人得到短暂的满足"。"自由"没有办法像"平等"那般，在革命的进程中随时给跟随的革命者

以物质的鼓励（譬如均分财产、土地革命），所以，不光是法国大革命，放眼世界史，近代以来绝大多数的革命，都逃不脱"平等"凌驾于"自由"之上，甚至为了"平等"，不惜牺牲"自由"的命运。当革命为了实现"平等"而不得不借助"专制"的力量时，革命往往毫不考虑"自由"的感受，义无反顾地选择与"专制"结盟。

法国大革命的结局，显然是对这种"要平等不要自由"的革命模式的一种嘲讽。革命者陷入一种"民主的专制"的泥潭，"只承认人民，没有其他贵族，除了贵族公务员；只有一个惟一的、拥有无限权力的政府，由它领导国家，保护个人"。国民作为一个整体拥有名义上的一切主权权利；而单一的国民却仍然没有摆脱被政府奴役的命运。最后，大革命偃旗息鼓，拿破仑的专制独裁从天而降，心灰意懒、精疲力竭的法国人也就此满足于在"一个主子下平等地生活"。

为什么法国大革命没有能够把"自由"坚持到底？托克维尔的理解是："人们平时所热爱的自由，其实只出于对主子的痛恨"。当大革命摧枯拉朽般把旧王朝推翻，"主子"不再存在，"自由"也就被革命者抛弃了。所以，托克维尔留下了这样一句告诫："谁在自由中寻求自由本身以外的其他东西，谁就只配受奴役。"

结语

1856年，《旧制度与大革命》出版时，托克维尔曾忧心忡忡地对他的妻子说道："这本书的思想不会讨好任何人：正统保皇派会在这里看到一幅旧制度和王室的糟糕画像；虔诚的教徒……会看到一幅不利于教会的画像；革命家会看到一幅对革命的华丽外衣不感兴趣的画像；只有自由的朋友们爱读这本书，但其人数屈指可数。"

在该书的前言里，托克维尔又说："我敢说，在（没有自由的民主社会）中是绝对见不到伟大的公民，尤其是伟大的人民的，而且我敢肯定，只要平等与专制结合在一起，心灵与精神的普遍水准便将永远不断地下降。"寻求"平等"的时候，千万不能忘记"自由"，或许正是托克维尔从法国大革命中所得到的最重要的启示。

旧的新制度

——读《旧制度与大革命》

一个半世纪之后，托克维尔和他的《旧制度与大革命》一书，在今日中国又一次热了起来。党和国家领导人希望大家不仅要看后资本主义时期的书，还要看一下资本主义前期的东西，这是很正确的主张。

但如今跟风赶时髦地跑去拿《旧制度与大革命》胡乱比附，不免有些让普通读者越来越云里雾里了。

法国大革命前的旧制度是什么？

法国大革命之前波旁王朝的旧制度，当然是一个封建王朝。但这个旧制度，是个之前一千年来遍及全欧洲的中世纪的旧制度吗？

拿破仑一世皇帝的大炮，在德意志、意大利、西班牙所打碎的旧制度，确实是那个一千年来遍及全欧洲的中世纪的旧制度。

但法国大革命之前波旁王朝的旧制度，却不是那个旧制度，而是一个旧的"新"制度：一个大一统的中央集权的官僚帝国！就像中国从秦朝开始的2000年历史中的历代统一王朝一样！

对大革命前夕的法国来说，三级会议有近500年历史（始于1302年），它的前身，还可以往更早的法兰克人部落军事民主制的残余上追溯。而法国大革命所反对的这个中央集权的官僚帝国旧制度，却是一个只有160多年历史的"新"制度。

这个由伟大的政治家、路易十三的宰相红衣主教黎塞留所创造的新制度，摧毁了层层分封的封建领主，消灭了封建农奴制，建立起从巴黎王庭派遣的各省总督直到每一个乡镇的中央集权统治。

这是一个伟大的创举，使法国能拥有强大的力量，对抗环绕自己的无数个敌人。曾经长期成为推动法国前进的主导力量。黎塞留作为政治家是如此伟大，在20世纪，法国还多次以他的名字命名本国海军主力舰。

如果以三级会议作为标志性时间分割，那么被终止之前的1614年最后一次三级会议（黎塞留正是在这一次三级会议上登上政治舞台），到直接引发大革命的那次1789年三级会议，之间隔了175年。

从黎塞留到大革命之间的这段历史，是欧洲历史中最像中国历史的部分，而175年也接近中国式大一统封建王朝的平均寿命。虽然法国这旧制度是一个"新"制度，但在"管用"了百余年后，却也是一个进入暮年的"老"制度了。

一个中央集权的大一统封建王朝，在其生命的末期，经济繁荣的好处落到官僚集团手中，封建国家和平民都得不到好处。封建国家（以及封建君主）期望以改革挽救自己、实现中兴，但却造成了既是国家病根也是国家基础的官僚集团离心离德，结果反而加速了自身的灭亡，这在中国的封建王朝的历史上一点也不新鲜。

远如西汉末年王莽改制，南宋末年贾似道"买公田"土地改革，明朝后期张居正变法，乃至清王朝最后几年那大搞改革大跃进的"清末新政"，无不是此类情况。

明白了这一点，那么对法王1787年改革之所以反而造成混乱，法国旧制度之所以加速崩溃，就不会觉得有什么突兀了。托克维尔病故得太快，后世的我们却不该装不知道。

从另一方面来说，若不是19世纪的蒸汽机工业革命的伟力，1815年复辟的波旁王朝再继续作为中央集权的大一统封建王朝，去统治个一二百年，也并不让人意外。就和中国历史上一个封建王朝瓦解，之后是另一个封建王朝去接替一样。

1859年托克维尔去世之时，他原本想在《旧制度与大革命》中研究的问题尚未全部完成。但马克思已经问世的《政治经济学批判》其实已经对他的问题作了回答：若没有新的生产力变革和伴之而生的新生产关系，那么一个中央集权的封建王朝的崩坏，是不可避免的。并且之后革命也好、内战也罢，后继者依然只是另一个封建王朝。

而当有了蒸汽机工业革命的伟力，任何国家机器，不管它是封建王朝还是民主联邦，都必须进行同样的根本制度上的彻底改变，不是什么肤浅的"专制迈向民主"的上层建筑（政治）改革，而是从内到外的整体性结构革命——从"封建主义的中世纪国家"迈向"资本主义的近代化国家"。

波旁王朝这个欧洲绝无仅有的中央集权封建王朝的毁灭，在欧洲或许是个新鲜事，但对中国人来说，实在不值得惊讶，更不宜到处比附工业时代的当代历史。

1859年病故的托克维尔看不到，但我们每个人都应该能从中学教科书上知道：没有进行"专制迈向民主"的上层建筑（政治）改革，但却进行了"从封建主义的中世纪国家"迈向"资本主义近代化国家"的整体性结构革命的普鲁士霍亨索伦（Hohenzollerns）王朝，在1870年普法战争中打败了法国。

由于这一外力，而让法国和德国都得到了自己想要的东西——拿破仑三世皇帝和他的法兰西第二帝国滚蛋了，法国人得到了法兰西第三共和国；而霍亨索伦王朝的威廉一世国王加冕为德意志皇帝，德国人也得到了他们朝思暮想的强大的统一的德意志祖国。

从1789年法国大革命开始，从巴黎前后三次起义，到热月政变终结了雅各宾派的统治和革命的高潮，再到拿破仑皇帝的第一帝国；从1830年革命逐走了复辟波旁王朝，再到1848年革命打垮了波旁—奥尔良系的七月王朝和它的金融家们的统治。又从1848年第二共和国到1852年第二帝国和拿破仑三世皇帝。

何以1787年改革（减少官僚集团权力，建立省议会并授予自治权）并未挽救波旁王朝？这是托克维尔已经问出来的问题。

何以1848年革命后，数千万法国男性获得了普选权，平民的民主权力远大于之前七月王朝的全国只有18万人有选举权的状况。但却先是激起了六月起义，之后又让法国人选择了路易·波拿巴（拿破仑·波拿巴的侄子，后来的拿破仑三世皇帝）。民主的第二共和国只坚持了三年，就一败涂地，被第二帝国取而代之。

这是托克维尔没有问出来但想问的问题。

何以1848年革命后，民主的第二共和国只坚持了三年，就一败涂地，被第二帝国取而代之？而1870年靠外力赐予而非内在力量建立的第三共和国，即便受到"巴黎公社"起义的冲击，却再没有哪个人黄袍加身，而是维持住了民主共和国的框架（尽管并不稳定，第三共和国71年历史中一共更替了107届内阁）？

这是托克维尔没有能看到但一定会问的问题。

其实中学课本已经告诉我们一个简略但充足的答案了：经济基础决定上层建筑。专制或民主只是上层建筑外在表象的一小部分组成部分。

保有封建经济残余的法国农民，自然乐意支持路易·波拿巴称帝。而当第二帝国时期法国得以完成了工业革命之后，工业资本家们的力量均衡，也就投影到了第三共和国议会，维持了它的生存。但若没有色当之战的意外失败，工业资本家们的力量均衡，也同样会支持第二帝国继续生存到第一次世界大战吧。

从1789年大革命开始，直到1875年《法兰西第三共和国宪法》颁布后，法国大革命的成果——民主共和制度最终稳固下来。托克维尔的问题最终得到了解决。而我们的疑问呢？得到解决了吗？还是被那些比附引导得越来越云里雾里了？

第3编

反思:《旧制度与大革命》与中国现实

朱学勤

出家、思凡、大还俗

——朱学勤谈《旧制度与大革命》之一

> 改革已经开始，改掉了一部分，使得没有改的这一部分显得分外触目，更令人无法忍受，后者坚持不改，这个时候革命就来了。
>
> ——题记

这些年突然出现"历史热"，2012年更奇怪，从年初到岁尾，一本外国老书持续大热，市面上几次脱销。它说的不是那些让人热血膨胀的"大秦帝国"、"大唐帝国"或"大清帝国"，而是有点让人泻火败气的"衰史"——《旧制度与大革命》，还不是一本大众畅销书，三十多年前在中国初版时，仅仅是法国史学术圈子里的专业书，现在却成为有识、有忧之士的公共读物。托克维尔这本书出版于1856年，说的是1789年到1793年的法国大革命，怎么会引起万里之外、150多年后我们中国人关注？现在海内外在流传某某某在读这本书，这不重要；重要的是，这本书说了些什么？为什么朝野上下将视线集中于这本书？

这本身就是个信号。

革命缘于三中心共振

法国是个得天独厚的国家，地球上要找一个疆域如此匀称，同时具有大西洋、地中海两条海岸线，唯此一家。气候之温和，植被之好，土壤之肥沃，飞在法国上空看到的地面景观和北京周围完全不一样。我第一次往法国飞的时候，看到底下郁郁葱葱，绿得发黑，想起我插队时的中原华北，忍不住愤慨上帝不公。法国没有一寸不是好地，从南到北，我没有看到一块沙丘、盐碱地，尤其南部之美，可称福地。政治学界流传一个共识：要找一个人口与幅员适中，政府边际效力能抵达最远边界，却又不致形成庞大高压，那就是法国。但恰恰是这个国家，近代史几乎是一部内乱史，革命不断，起义成瘾，断头台疯狂起落！

举个例子，《宪法》。英国没有《宪法》，却有宪政，从1688年光荣革命一锤定音，到今天四百年没有革命，而且还好好地供养着一个王室。王室婚庆大典，百姓如痴如狂，争睹如潮。美国有《宪法》，也有宪政，但是这部《宪法》是1787年在费城制定的，正文一个字都没改过，一直沿用到今天。与时俱进者，是《宪法》后面的修正条款。法国是世界上最早制定成文《宪法》的国家之一，1791年宪法几乎与美国宪法同时诞生，到现在《宪法》已经改动十几次，一部接一部，几乎看不出最初的样子了。不说帝制多次复辟，仅以"共和政体"论，已经有"第一共和"、"第二共和"、"第三共和"、"第四共和"，现在是"第五共和"。我曾经统计过,法国平均每一代人都有机会经历一次革命,每一代人都能目睹一次宪政危机。而1789年发生的那场革命,则是规模最大、时间最久、震动最强烈的一场革命,故称"大革命"。我们说到英国革命,有没有称其为"英国大革命"?说美国革命有没有说"美国大革命"?唯有法国这场"革命",名副其实,大家公认它为"大革命"!而这场"大革命"给法国带来的并不是长治久安,而是长久动荡。今天从影响力上说,法国只能算是个二等国家了,无可奈何花落去。但从历史来讲,它不是二等国,曾经是地地道道的一等国。

那么革命是个什么样的状况?不能不提到路易十四、路易十五、路易十六。路易十四大致和康熙同一个时代,在位时间都很长,都长达五六十年,王权专制达到极点,"朕即国家"。路易十四对外扩张,拓展疆土,对内扫平豪强,迁天下贵族富户三千家于凡尔赛,类似于公元前221年秦始皇扫平六国,定都咸阳,迁天下富豪于咸阳,收天下兵器铸十二铁人,立咸阳道旁。凡尔赛之奢华和气派,远超过故宫。凡尔赛成为全法国的销金窟,贵族、富户、全国的财富也都集中在那里。

那么他后来对整个巴黎的影响、对整个法国的影响大致是什么呢?吸空了地方财力,一旦倾覆,全国即刻瓦解,这个局面实际上是路易十四时代奠定下来的,只是到路易十六才爆发。一场大革命为什么能把全法国搞得天翻地覆,最后弄出那么个悲剧结局?原因多多,其中有一个则从来没人提,但托克维尔在这本书里说到了:你把文化中心、经济中心、政治中心叠加在一个首都,三中心叠加,有一个中心发生危机，立刻引起另两个中心共振。

美国经济中心在纽约，政治中心在华盛顿，学术中心在波士顿，开车都是一天可达。闹学潮，基本上在波士顿；经济出危机，纽约震荡；政治有风潮，乱在华盛顿。三者分离，不会叠加在一起引起共振。

当时的法国，路易十四奠定了几个中心叠加在一起的大巴黎，一出事就出大事，全法国跟着起事。到了十九世纪中期，一个学建筑出身的警察局长，奉拿破仑的侄子小拿破仑之命重新规划巴黎市。他既有建筑师的专业眼光，也有警察局局长的职业需求，故而将巴黎改建为适宜和平居住不适宜起义巷战的城市，将那些适于打巷战的弯弯曲曲小街小路，统统拉直，把马路打宽，一旦有事，不可能像电影《九三年》、《悲惨世界》里面描绘的那样——革命青年一喊，小街两头一堵，就是现成的一个街垒，马队难以冲进去。他吸取大革命和此后不断革命的教训，把巴黎改造成现在的样子。今天大家看到的巴黎已经不是大革命时期的巴黎，而是被警察局长改造过的巴黎。但巴黎的规模以及巴黎和法国的关系他毕竟改不过来。从路易十四以来巴黎人非常骄傲，一直到现在都这么牛，他们有一句名言，"法国嘛？法国是巴黎的郊区！"中央与地方关系在这里呈现出病态扭曲。这是信奉全能主义统治哲学必然带来的后果，一个超级首都，迟早要出大事，而且已经出过了。在和平时期似乎可以夸耀，一旦动荡，如此规模就是你的坟墓。

革命与改革的不解之缘

三千贵族迁居于凡尔赛,路易十四有政治目的。贵族分散于各地,与地方势力结合,这是古今中外朝廷心腹之患。中国历史上打豪强、削藩镇,不绝如缕,屡见史乘。从秦始皇开始,皇帝坐稳的人首先要削藩,削藩有武力削藩,有和平迁藩。把贵族统统给我搬到我眼皮底下,可谓和平迁藩。你们在我眼皮子底下花天酒地,最好是醉生梦死,但不能分散到全国各地区,走出我视野。

这样的一个结构对法国文化产生了长远的影响。贵妇人既有闲又有钱,能干什么?女人天生是敏感的动物,对艺术、对异端邪说,对各种稀奇古怪的东西,比男人敏感。女人们就在男人留下的客厅里开沙龙,聚集、收养各种各样的异端邪说,挖男人的坟墓。沙龙与宫廷近在咫尺,却是后者的坟墓,却寄生在一处!没有贵妇们的沙龙,就没有启蒙运动。这是路易十四根本没想到的事情。

下一个皇帝就是路易十五。一个花花公子,他爹留下来这样一个花团锦簇的帝国够他消费了。尽管他知道这样下去不行,但是不妨碍眼前每一分钟的享乐。所以他这个时代留下的名言跟他爸就不一样了,叫做"我死后管他洪水滔天"。用俗话来说就是击鼓传花,这盘子不崩在我的手上就行。

路易十六相比之下是最开明的。巴士底狱没有政治犯,如果路易十四、路易十五时期关进去某某某这样的人物,到路易十六也早就把某某某放走了。但是1789年7月14日,大革命的民众还是要攻占巴士底狱。为什么要攻？因为老百姓在流传，这里面还有政治犯。打下来以后才发现没有，只有几个精神病。其次，他接受启蒙哲学。启蒙哲学最富有民粹主义情结的是卢梭，卢梭认为上流社会最腐败，下流社会最干净，高贵者最愚蠢，卑贱者最聪明。那么高贵者怎么变得聪明起来？应该向底层社会学习，每一个人习得一门手艺，做木匠、种地，都可以。路易十六还真信这个，他习得的手艺是做锁匠，开锁。全法国各种疑难杂锁都收集来，一把一把琢磨着打开。可是最后一把锁他打不开了，那就是法国的中央集权。

路易十六娶的太太是奥地利公主，也就是玛丽·安东内特皇后。她酷爱文艺，像此前所有的贵妇人一样，民间各种各样的争奇斗艳的新学说、新歌剧都要引进宫内。比如法国歌剧叫《费加罗的婚礼》，描绘的是启蒙哲学最痛恨的那个封建等级观念，实际上是攻击统治阶层。但是王后不知轻重，打开凡尔赛大门，把《费加罗的婚礼》挪到国王眼皮子底下演出，而国王也不觉得这有什么了不起。

法国社会阶层明确地划分为三个等级，第一等级僧侣，第二等级是佩剑贵族，第三等级是商人。按现在的标准就是，第二等级是政府官员，第三等级就是民营企业家。而第三等级之下，也就是说自耕农、小手艺匠人就没有等级身份。这个制度并不像后来我们宣传的，是农奴制、万恶的压迫。早在十三世纪法国就已经明言废止农奴制。到大革命时，三分之二是自耕农，都有一块自己的土地，从中世纪大庄园、大奴隶主手中把自己先解放出来，这一进程已经走了五六百年。这就是当时法国的情况，有封建制，但并不是最黑暗、最落后的。

经济呢？那时处在繁荣的上升阶段，并不是我们过去说的那种革命公式，一穷二白，哪里有压迫，哪里就有反抗，压迫越深反抗越深。这么一个并不算最差的状况，怎么会触发这么大的革命呢？这才是托克维尔这本书要解答的问题。

一个还不算最黑暗的国家，在并不是最黑暗的时代触发了反抗性最强的大革命，有长期原因，也有短期的导火线。长期的原因，托克维尔说，革命实际上并不是发生在受压最紧的时候，而是发生在原来压得很紧，然后逐渐放松的时候。这个道理其实很好理解。

好坏且不论，单就革命发生机制以及与专制压迫的关系来讲，从我们的体会也能证明二百年前托克维尔讲的是对的。真压紧了，无从反抗，一松开，危机可能反而来了。我并不是说以后不能松，或者松了是坏事，一开始就不应该松，这完全是另外一回事。改革已经开始，改掉了一部分，使得没有改的这一部分显得分外触目，更令人讨厌，更令人无法忍受，或者说改掉的那部分与未改不改的那部分不匹配，后者坚持不改，这个时候革命就来了。

税务官是比蒸汽机危险千倍的革命家

短线触发的导火线，这个书里没讲。他也有理由不讲。因为托克维尔不是以编年叙述为己任，那是另外一种类型的历史学家的任务。他给自己规定是历史学和哲学的结合，不仅仅是叙述事情，或者不主要叙述事情，而是要深入探索已经发生的事情后面的原因。

所以关于具体的导火索，我就补充一下，也有助于大家理解。

导火索是什么？钱，税收。税务部门是给政府收钱的部门，但同时，也可能是给政府埋炸药包的部门。触发革命的往往是税务部门。世界历史上四次革命，英国革命、美国革命、法国革命、俄国革命，只有俄国革命是因为第一次世界大战，战争造成混乱，给列宁创造了十月革命的机会，他的财务危机是在革命之后找上门来。其他三场革命全因为税收引起，都是因为税务部门或者说王权要加税，未经民意机关同意，或者此前根本不需要经过民意机关同意，想加就加，加成习惯了，像吸毒上瘾一样。直到某一天，又想再加一次，觉得此前加得比这更厉害，这次再加又有什么了不起？殊不知压死骆驼的最后一根稻草，往往就是最后一次税收，而且是小小的一次税收。

法国革命的税收原因是什么？革命前两年，也就是1787年，美国革命（美国独立战争）结束，两次革命相隔两年，相关人员相互来往，"革命志士"互相支持，故称"姊妹革命"。在革命的传导链条上，前一事之结果往往就是后一事的原因。英国要加税，北美十三州才要独立。北美独立战争实际上是因税收问题引起的"内战"。

北美独立，法王路易十六幸灾乐祸。为什么？因为在美国独立前，英国跟法国打了一仗，叫"七年战争"，争夺北美北部的殖民地。法国打败，撤退到更北面，就是今天的加拿大魁北克省。魁北克是加拿大的一个核心省，是说法语的一个省，前两年还要闹独立。这些法国人哪里来的？就是那次战争打败了跑到那里去的。七年战争打败，法王记着这笔账。到了1787年，英国人自己起内讧，13州要独立了。法王乐观其成，就悄悄地支持北美独立。

华盛顿他们当时只是民兵，打不过国王的雇佣军，尤其是民兵没有海军。海军从哪里来？法国支持。所以北美独立战争打八年，法国前期是隐蔽介入，后期是公开宣战。对华盛顿来说，实际上这是忘恩负义的行为，因为1765年的时候英王的军队帮北美赶走了法国人，华盛顿是参加过那次战争的，受过英国的战争训练。一转眼，他站在法王这边，要法王出兵帮着打英国人。

前期隐蔽介入的时候是什么呢？是民间军队。民间军队当时有一个我们后来也用的称呼，就叫志愿军。为什么叫做志愿军？因为他不是政府军。当时法国和英国还没有宣战，但是法国的武装力量介入了，但又没有宣战，所以这批军队就叫志愿军，武装的NGO。独立战争后期，法王才向英国公开宣战，出动了海军。当时出动海军相当于现在出动二炮部队，非常昂贵，只有政府才养得起。那真是帮了华盛顿，帮北美打赢了这一仗。

打完这一仗，国库亏空得厉害。当时法国的货币单位是锂。国库亏欠达到五亿锂。路易十六对这个五亿亏空的想法很简单——由贵族承担，因为此前都是贵族承担。他把贵族召集起来，贵族不干。路易十六就做了一个决定。这个决定在当时实际上符合启蒙运动的要求：把贵族底下第三等级召集过来，类似我们现在的民营企业家，问他们：

"你们出不出？"企业家齐声说："不行，凭什么我们出！"正如前面说的，当改革改到一半时，剩下的一部分更为触目、更让人反感。这个三级会议路易十四时代就停止了。所谓的三级会议就是民意会议。路易十四觉得"朕即国家"，我想怎么着就怎么着还开什么会。到路易十六，已经停开150多年。

停了这么久的三级会议，路易十六恢复了，可谓开明进步。但是，请神容易送神难。按法国中世纪的传统，三级会议是分厅议事。不想这次三级会议召集了以后，他们自说自话，做了个决定，要合厅议事，三个等级要合在一起，用今天的话来说就是咱三个等级要形成"共识"，不能被国王分而治之！国王觉得这不是造反嘛！我已经这么开明了，让你们开这个150多年都没有开过的会，你们还得寸进尺？

但革命就是得寸进尺。国王下令把三级会议的会议厅锁起来，不让他们开会。人都到了，会堂锁起来，这些人就在广场上干等？不可能啊。所以他们自己找了一个露天网球场，三级代表就在那里发誓，说我们一定要开会，还要给法国制定出一部宪法，用宪法来规范国王和我们之间的权力分割！

这又进了一步，不讨论税收讨论宪法。国王觉得巴黎已经失控，军官们在凡尔赛宴饮，把象征巴黎的红蓝白三色市徽扔在底下乱踩，撒酒疯说要血洗巴黎。这些话传到了巴黎，一时谣言四起。谣言是革命最大的动员者。一个社会什么时候谣言四起，就说明革命已经在收集乌云。巴黎市民争相散播谣言，说凡尔赛要血洗巴黎，与其你血洗，不如我起义。7月14日这一天起义果然发生。因为一个税收,引发了有史以来最大的一次革命。马克思当年曾说,蒸汽机是比布朗基可怕百倍的革命家,我补充一句,税务官是比蒸汽机可怕千倍的革命家!

"共和二年的文化革命"

1789年7月革命开始,路易十六一直摇摆不定,有时同情巴黎,有时厌恶巴黎。所以革命的第一阶段的成果是君主立宪,不废君主,是要制定一部宪法,君主听宪法的制约就行。这个阶段维持了一年多。这是资产阶级和自由派贵族能够控制局面的一年。这一年通过很多法律,最著名的《人权宣言》,最著名的1791年的宪法,以及重新规划法国的行政区域,把法国划为81个省等等,都是这一年做的。这一年的革命可称小革命,有建设性。

但问题来了,国王招来第三等级开会,给前两个等级施加压力,而第三等级后面跟来了"第四等级"。当时的"第四等级"男人叫无套裤汉,女人叫编织妇。按照卢梭哲学的"直接民主",不要当中一层过滤,国民公会开会、制定宪法、讨论议程,要敞开大门,无套裤汉与编织妇都要冲进去呐喊。巴黎的国民公会、立法议会等等,最后都是被无套裤汉和编织妇们呐喊声所控制。赞成、投票、不赞成、否定等等,都是他们的声音最响亮。这时进入革命的比赛阶段,会有各种派别,只要前面一个派别比后面一个派别显得温和,后面那个派别立刻就可推翻他。用今天的话来说就是宁左勿右,谁更左、更激进,谁上台。

大革命一浪高过一浪。吉伦特派执政时发生了国王叛逃案,把国王拉回来,要不要判决国王?国王一下子变得形象猥琐,要上法庭,成了被告,而且要判死刑。比吉伦特派更加激进的小资产阶级,则是罗伯斯庇尔—卢梭的粉丝。他们投了死刑票,而且认为此前两个阶段都保守、都局限,没有彻底地改造法国。

如果说第一阶段仅仅是政治革命,改变巴黎的主人,或者不改变主人,在主人旁边加一个宪法,紧箍咒套住他。那么第二个阶段就开始有了社会革命,"分田分地真忙"。第三个阶段就是罗伯斯庇尔,雅各宾执政,更上层楼。但是,要推翻吉伦特派,你总要显示出特殊的地方,所以他把自己后面这个阶段就叫做"共和二年的文化革命",他还真把自己称为"文化革命"!就是说,早在毛泽东文化革命以前两百年,法国人就玩过这一把。法国的所谓文化革命,总共一年,从1793至1794年。

文化革命是最激进的阶段,政治改,社会改,最后他们认为,最难改,但最应该改的是精神结构,要铲除旧人,要塑造法兰西新人!于是这一时期产生了大规模的教育改制,诞生了与传统文化彻底切割的新文艺,即所谓"唱红",流行法兰西小红帽,还流行改人名、改地名,如我们搞过的"张卫东"、"李卫彪"、"反帝路"、"反修路"。

罗伯斯庇尔早在1793年的法国,就玩过这一把。但凡玩"唱红"这一手,一开始确实是意气风发,老百姓觉得从来没有活得这么意气高扬,这么慷慨激昂。但事实上,革命革到最后就与人心为敌,与每一个人为敌。

思凡、出家和还俗

"红"为何会周期性发作,一旦发作还有那么大的魅惑?

个人有短期发热,人类群体有没有短期发热?有。个体发热,精神至上,逐渐厌世,会经历一个削发为僧或为尼的极端事件——"出家"。在寺庙中待久了,春心萌动,又会"思凡",然后再偷偷下山——"还俗"。这样一个"出家"—"思凡"—"还俗"三部曲,在人类群体生活中也会出现。大革命来的时候,人似乎都能舍弃物质生活,显得特有精神境界,每天都在追求崇高理想,那就是"一人得道,鸡犬升天"。"集体出家"的社会学现象即此降临,这个"鸡犬升天",是说一个人相信某一种乌托邦的理想,通过广场扩音器放大,整个社会都跟着他催眠,进入他指引的精神境界。人类社会似乎总是间歇性出现这种情况,法国这样,中国"文化大革命"也是这样。

但在广场上折腾时间长了,每一个人都开始思恋"厨房里的火鸡",从广场偷返厨房,又想回世俗生活中去,革命中的"思凡"现象开始出现。"文革"中后期出现逍遥派,女同学热衷于编打毛衣,交换编毛衣的各种线路。男同学热衷于在宿舍里装半导体收音机,交换各种半导体收音机的线路。实际上就意味着广场上的路线斗争已经被"思凡"置换,置换为女人手里的线路、男人手里的收音机线路,已经置换为世俗的追求。同时,手抄本也开始流传开来。到这时,必有某派某党意识到这个潜流，"出家"的时代结束了，"思凡"、"还俗"的时代开始了，从不食人间烟火的山间寺庙回到山下厨房正常生活，衣食住行、男欢女爱。如果他成功地发动政变，社会就会顺着他的政变改变发展方向，我称"社会大还俗"。

于是，1794年7月24日法国发生了一个从精神向世俗的转变。因为是在夏天热月发生，俗称"热月事变"。热月事变推翻了精神乌托邦，三天后，又将罗伯斯庇尔送上断头台，然后重新组织政府。这个组织起来的政府从革命时候的疯狂，向世俗生活大规模退却，这种退却，用邓小平允诺香港的那句话来讲最形象：那就是"马照跑、舞照跳，股票照样炒"，正常的生活回来了！这种集体"还俗"的社会现象历史学称为"热月现象"。我们可以说，热月现象实际上不仅仅属于法国，它既是法国的，也是俄国的，更是中国的。

中国的"热月事变"什么时候开始？1976年。我们的热月事变有两件事，一上一下，相互配合，你写上半篇，我写下半篇，这样来完成。上半篇就是1976年"四五"事件，下半篇就是1976年10月6日怀仁堂事件，一个汉语版的"热月事变"，把"中国的罗伯斯庇尔"张春桥、江青送进监狱，后者差一点送上断头台，中国人开始回到正常的世俗生活。

朱学勤

"托克维尔线"

——朱学勤谈《旧制度与大革命》之二

大革命表面上是摧毁中央集权的官僚制度,但革命不仅没有打断这一过程,反而是以表面摧毁的方式最终完成了这一历史过程。

什么是自由派贵族

前面说过,托克维尔出身于自由派贵族,他们最可贵的不是贵族身份,而是不因自己家世被毁痛诋革命,一股脑儿"告别革命"。托克维尔幼年影响来自他的母系,尤其是他母亲的祖父——马勒·施尔博,曾出资赞助启蒙运动、百科全书出版事业。法国走向大革命 3.0 恐怖,议会审判路易十六,群言汹汹,只有这位自由派老贵族挺身而出,为落难国王担任辩护律师,他本人也因此被送上断头台。老贵族慷慨留言:"我在国王面前为人民辩护,我在人民面前为国王辩护!"

托克维尔曾回忆幼时家庭氛围,合家吟唱缅怀国王从容赴死的歌曲，黯然落泪。他父母也曾双双下狱，被判死刑。幸亏发生"热月政变"，热月党人"落实政策"，社会还俗，父母出狱，断头台下捡回性命。托氏家族还有一个远亲夏多布里昂，是法国文学史上以伤感著名的浪漫主义代表人物，也是自由派贵族。成年以后，托克维尔继承了先辈内在的精神风骨，但公开拒绝继承贵族的世袭名衔，以自由主义视角总结法国革命成败教训，超越家族得失，视野开阔，独成一家，其成就超过同时代研究法国大革命、发明"阶级斗争历史观"并被马克思引用的另一位史学家——基佐。

革命后，另有一位自由派则贡献了另一警世名言，一头一尾，交相辉映，照亮当中那段革命1.0到3.0的幽暗隧道：1815年欧洲第七次反法同盟最终战胜拿破仑，奥地利首相梅特涅在维也纳召集欧洲和会，王党归来，弹冠相庆，舞会通宵达旦，数月不散。一位自由派贵族冲进舞厅，怒喝王党狂欢——"你们什么都没有忘记，你们什么都没有学会！"

遍读大革命史，我找不到能有比这两句名言更凸显自由派贵族内在风骨的史迹。这是真正的"穿越"，穿越二百年时空，直落当下时代。想想我们经历的"热月事变"，想想我们的幼稚狂欢，我们有没有这样的知识分子，能超越一己、一族乃至一个阶级在上一时代的得失，具有如此清醒如此穿透的历史意识？

托克维尔本人做过多年国会议员，当过卡芬雅克政府的外交部长，在政界有亲身阅历。这样的经历没有局限住他的思想，反而磨砺他的历史观察力。《旧制度与大革命》最为精彩的章节第三编第一章，谈文人为何在法国担当社会动员，乃至直接出任议会领袖，"文学化"的领袖集团给革命造成何种后果，即因为他在政界内部曾有亲力亲为之阅历，如鱼饮水，冷暖自知。当然，大革命的文学化政治性格首先应归咎于路易十四时代的长期专制，禁绝知识分子的知情与参与，一旦崩盘，"参与爆炸"，这才造成不懂政治却又具备文学煽情力的文人冲上第一线，充当"广场政治第一提琴手"。

李慎之临终前曾有类似观察，曾对我说："在中国能看得懂这种政治，能负责任地发言，非得在如此政府里当过部级干部以上。"这话也是话糙理不糙。李慎之反民主，有精英倾向？不是的。这是因为政治生活还处于制度化程度低、信息不对称、社会大众包括文人知情权很不够的初级状态，要从根本上消解托克维尔所说的那一消极后果，首先是要根本改变这一状态。

而在此之前，它的具体运作在外面看不清楚，至多只能模糊感觉它的"潜规则"，你要身历其境，在里面摸爬滚打过，才知道它的强势在哪里，短板在哪里，才能够切中肯綮，说到要害。

反过来说，具有这等经历的人，有几个能像托克维尔那样正面使用这些从政经历，公开地说，大胆地说，负责任地说？

这也是托克维尔曾看到，当下很多人最担心的地方：一个民族的大多人若被隔绝在政治之外，信息不对称，一旦"参与爆炸"，报复性反弹，就又会造成大革命3.0的状态。托克维尔当年为何发愤著述？

初衷就在这里。

五十年外翻新篇——托克维尔其书

托克维尔是当过部长的人,却是一个脑袋指挥屁股的部长,是一个真正懂得这种政治,却又让全民族分享他政治经验的部长。李慎之也担任过部级官员,他戏称自己是"学官"——胡乔木曾提议他任某部级机关首脑,他坚辞不就,胡才改任他为社科院副院长,一个学术机关的"部长",他自称"学官"还能当,也愿意当。但他并未因部长俸禄而局限,颇有托克维尔曾祖辈那个自由派老贵族的风范。

托克维尔与李慎之这样的"部长",不是屁股指挥脑袋,而是反过来,一旦提笔写历史,就可能超越我们这些以历史学为职业的人,成为教授的教授,历史学家的历史学家。他们才是真正的爱国者,是对自己生身之民族敢负责任、能担大任的人。

中国有史家断言,五十年的历史不能写,不可写。这一说自有其无奈,有合理性,但也有局限性。而托克维尔恰恰认为,五十年内外的历史最值得写,也最应该写:我写这本书的时候,离大革命已经相当远,使我们只是轻微地感受那种令革命参与者目眩的激情。那些激情到了我们这一代基本褪完,同时又相当近,使我们能够深入到指引大革命的精神中去理解。

后代人写历史,史料占有比我们强,冷静客观也比我们强,但有一条致命短肋:离这个时代过远,已感觉不到这个时代的精神氛围,没有现场感。只根据书面史料写出来的东西，哪怕再丰富，"纸上得来终觉浅"，首先就是"隔"，会发生另一种主观，另一种扭曲。

其实中国的史学传统并不排斥当代人写当代史，甚至，中国史学的伟大传统就是从司马迁写当代史开始。为此，司马迁个人身受"腐刑"，付出惨烈代价。千年之后，我们才可能读到《史记》——"无韵之离骚，史家之绝唱"。

司马迁和托克维尔的著述成功，都证明历史写作的最佳时间，可能就是在距离那一时代五十年左右的间隔？近了不行，激情与利害得失尚未过滤；远了也不行，没有"在场感"，即使写成一部《哈姆雷特》，也可能是"有哈姆雷特，却没有丹麦王子"。

放到当下，离我们50年最重大的历史事件是什么？"文革"。为什么会发生"文革"？制度性原因是什么？又怎么逼出一个180度的掉头大转弯——改革？"文革"和改革是截然不同的两个历史单元，它们之间有没有联系？

历史以否定的形式焊接在一起——"托克维尔线"

这就说到托克维尔此书给我们的一个重要启示：历史是以否定的方式，将前后两个貌似相反的时代焊接在一起。大革命表面上是摧毁中央集权的官僚制度，但在托克维尔看来，官僚制度在大革命前已经开始，革命不仅没有打断这一过程，反而是以表面摧毁的方式最终完成了这一历史过程。托克维尔在这本书的序言里特别交代：

我不仅看到了大革命最早的努力这一秘密，也看到了它对最终结果的期望。——几年过后，在1789年消失的、旧制度下的法律和政治惯例又出现了，就像一条河变成暗河没多远，水流就又出现，然后用老水冲刷新鞋一样。

这是一条奇怪的历史曲线，在其他国家其他时代曾多次发生，我们或可称之为"托克维尔线"？回首中国人自己经历的"文革"、改革，可以检验"托克维尔线"是否存在。

托克维尔的思想贡献当然也不限于这一"曲线"。他也有可以商量可以讨论的盲点，但他确实占有近代思想史上很多个第一：

第一次揭示如巴黎那样将一国首都建成三中心重叠之超大模式，是自掘坟墓；第一次揭示专制制度要么造成公众冷漠，要么造成文学化广场政治；他第一次警示改革与革命的不解之缘，改革一旦启动，万不能中途停顿；甚至第一次正面论述共和与民主的紧张，民主与自由的冲突，以至史家评述他虽然是近代人物，却具有现代思想性格。

所有这些，对我们走好前面的历史行程不无裨益。最后说一说托克维尔与中国的缘分。

法国大革命在中国引起关注，康梁上书即已形成热点。从晚清到民国，每一次社会危机出现，有识、有忧之士即会想起大革命3.0，激进者为之辩护，自称为"革命派"，保守者为之警示，被称为"保皇派"，两种对立的历史叙述都是很早进入中国，如卢梭学说进入中国是在一个世纪之前，而严复1903年立刻作出反应，对之抨击，也有百年之久。

直至 2011 年网络上的韩寒三篇博文引起轩然大波，也能看到大革命史的不同论述。

如此极端的大革命引进史、复述史，从一个侧面反映百年中国，始终处于两极摆荡，找不到一个长治久安的中点。无论是历史争议还是现实辩论，两造之间，独独缺少托克维尔这一节：维护小革命 1.0，批判大革命 3.0，既不能简单归之于"革命派"，也不能简单归之于"保皇派"。

"文革"中，也曾以法国革命前后的极端事件比附当时的群众运动，如称"第一张马克思主义大字报"为"新北京公社宣言"，称上海"一月革命"为"巴黎公社"。流风所及，以致 1966 年群众运动分裂，也出现"保皇派"这一大革命史特有的法国贬称。但那些对大革命史的理解，仅限于五四时期的片面颂扬。

其实，在革命与保皇两极之间，还有托克维尔这样的独立思想。"俱往矣，数风流人物还看今朝。"这是润之昔日豪情，抚今思昔，后一句似应改为："想改革、忧革命，还看今朝？"无论如何，2013 年一开始大家能读《旧制度与大革命》，就算是"盛世危言"，也比此前只读各种麻醉品好。这本身就是好消息，令人惊觉，也令人清醒。

新政与辛亥革命

——改革是否必然引发革命?

自打托克维尔的《旧制度与大革命》问世以来,旧制度在变革中更易引发革命,在近年的学界,成了一种流行论点。美国政治学者斯考切波(Skocpol,T)的有关俄国、中国革命的宏观论述,更是强化了这种观点。中国的辛亥革命,已经成了一个改革引发革命的典型案例。[1]似乎改革成了旧体制迫在眉睫的催命符,不改还好,一改,死得更快。一个颇为流行的说法就是,不改是等死,改是找死。宁肯等死,不要找死。的确,辛亥革命似乎很能印证这个观点,这场革命,的确发生在清朝最后,也是最认真的一场改革过程中,打响第一枪的新军士兵,本身也是改革的产物。多少年来,对于中外的研究者而言,一个流行的观点就是,新政的改革,激化了原有的社会矛盾,破坏了原有的社会政治结构,因而引发了革命。客气一点的说是操作不当,不客气的干脆等于就是说,当时的中国,根本不具备改革的条件,一改必死。其中,新政诸项改革中,最令人争议的就是废科举,在许多学者看来,这项改掉了中国实行了1300多年制度的改革,不仅打掉了士子们上升的渠道,而且切断了民间精英跟朝廷的联系。也导致了大批士子没有出路,倾向革命。所以说,革命发生,土崩瓦解,势所必然。

然而,新政真的造成了清朝统治的危机,造成了革命的形势吗?如果真的是改革激成了革命,那么,清末新政有哪一项改革引发了强烈的社会反弹,造成了大规模的社会危机呢?新政期间,所有跟新政有关的民变,比如抗捐抗税,抵制清查户口丈量土地,都是零星的,小规模的。连废科举,都波澜不惊。以至于当时泰晤士报驻北京的记者莫理循乐观地说:"中国能够不激起任何骚动便废除了建立那么久的科举制度(1905年9月2日皇帝敕令从1906年开始废科举——注释),中国就能实现无论多么激烈的变革。"[2] 原来一直认为是专门针对废科举的民间骚动,山西的干草会的所谓"烧先生,打学堂"之举,现在发现其实好些只是平常的吃大户行为,跟新政没有任何关系。所谓的打烧学堂,只是揭帖传单上的宣传。[3] 这一时期发生在江苏宜兴和浙江慈溪,上虞和余姚等地打砸学堂事件,根据当时的报道,大抵由于经济纠纷。[4] 按道理,改革举措,涉及哪个人群,哪个人群受损,就容易引发冲突。军事改革,面临被裁撤、降等威胁的旧军,出现过哗变和骚乱吗?没有。行政改革,那些被裁并的机构人员闹过事吗?也没有。废科举,事关万千士子的前程,真正起来闹事的人,也是凤毛麟角。严格来讲,新政举措中,真正引发激烈的民间反弹和抵制的,其实是禁烟。当时的朝廷,下决心在几年内让中国禁绝鸦片,从铲罂粟,到禁绝交易,多头入手,力度很大。跟世界上所有国家的禁烟举措一样,中国的禁烟,也在很多地方都引发了民变。1910年春,山西文水、交城民众抵制铲烟苗,跟官府发生冲突。后来山西巡抚派新军镇压,死伤过百,成为轰动一时的"文交惨案"。[5]1911年春天,在温州也发生了铲烟委员下乡铲烟,连委员并随从七八人一同被乡民打死的事件。温州事件跟文交事件一样,下乡铲烟的专员,都带有武装,配置新式洋枪,但是,却都遭遇乡民激烈的武装抵抗,规模达到成百上千人。[6]这样的骚乱和民变,在整个新政期间,算是规模最大了。然而,这样的民众骚动,其实跟新政的改革并没有直接的关系。无论什么时代,只要禁烟,就会有这样的反抗和抵制。在外国学者看来,中国那一时期的禁烟,是卓有成效的。只是到了民国之后,才使得清政府的努力前功尽弃。[7]

如果说新政的改革,把人们的胃口吊了起来,形成欲壑难填的求新欲望,倒也不能说一点没有。但新政到1911年,满打满算,不足9年,开民智的效果,还不明显。西方的观念,即使在比较开放的长江三角洲地区,也只是有限的流行。士绅们比较急切的改革呼声,无非是赶快立宪。他们连模仿日本和德国的钦定宪法大纲,都没有进一步修改的欲望。在武昌起义之前,立宪和革命,一直是在两个轨道上行走。如果不是新上台的满人少年亲贵肆无忌惮地收权得罪了人,主张立宪的人,并没有革命的冲动。

虽然报纸上时常可见文人们对新政的讥讽,披露新政出的诸如食洋不化的笑话。但总体上,新政的面貌给人印象还是不错的。上面提到的莫理循在给朋友的信中提到,新政给北京带来了新的面貌。"北京有了碎石子铺的马路,有很好的警察,有良好的秩序,有马车,有外国式的住房,有电话和电灯,今天的北京已经不是仅仅几年前你所知道的北京了。"而且,新办的警政,也给人留下了深刻的印象。莫理循称赞道:"他们控制的街头交通令人赞佩。各城门不再出现堵塞现象,人人都必须循序而行不准许向前猛冲猛撞。即便是由德国兵驾着的笨重四轮运货马车也不准破坏马路规章。有一个讨厌的士兵装腔作势不肯服从指挥并且拔出他的刺刀来,维持治安的警察便吹起警哨把这个兵逮了起来,押到附近的警察所处。那个兵在当天晚些时候才由一名德国军官从那里营救出去。"[8]得到同样印象的还有来自苏格兰的传教士医生杜格尔德·克里斯蒂,他多年一直在奉天行医,在他的眼里,新政期间,奉天一片阳光,鸦片在禁绝,学校在兴办,几位总督都挤出钱来支持他开办医院。雨天泥泞不堪,旱天尘土飞扬的奉天(新政前的北京也是一样。——笔者注),现在兴建起了碎石子路。街上开始出现了路灯,几年后,路灯变成了电灯。随着道路的改善,"在大街上出现了数百辆黄包车,俄式无盖四轮马车已经非常普遍,官员们出行则乘坐国外封闭的四轮马车。"警察也来了,"小小的蓝色岗亭出现在街角",警察开始指挥交通。奉天甚至组建了卫生委员会,颁布了历史上第一个有关城市卫生方面的法律。[9]不仅城市有了新面貌,开展了地方自治的乡村,治安状况也得到了改善。任何一个不带偏见的研究，都不能否认，跟新政前后相比，新政时期是社会秩序最好的一段。

这一时期的统计数据，也很说明问题。新政时期，是一个民族资本投资的小高潮。从1903年到1911年，1903年，新增企业9家，资本599280元。1904年，企业23家，资本5222970元，1905年，企业54家，资本14813391元，1906年，企业64家，资本21278449元，1907年，企业50家，资本14573047元，1908年，企业52家，资本22527338元。1909年，企业29家，资本9947254元，1910年，企业25家，资本4944740元，1911年，企业14家，资本2290500元。[10] 就此可以看出，在1903年到1909年这个新政比较健康发展的时间区段内，企业和资本的增加是相当快的。与此同时，国家的财政状况，也得到了很大的改善。应该说，在支付4.5亿两白银的庚子赔款的前提下，作为国家主要收入的关税和盐税，已经被抵押掉了，清政府的财政状况十分困窘。但是，在1903年国家岁入1亿的基础上，1908年，国家年财政收入已经到达2.6321亿两，如果加上中央各衙门的收入0.3801亿，全国的财政收入则达到3.0122亿。[11] 不错，在此期间，国家财政出现了一定规模的赤字，尤其最后三年赤字比例比较高，但也没有超过财政收入的十分之一。成立资政院之后，国家有了预算，预算需要经资政院审议通过。1911年（宣统三年）的预算，原来岁入为296961909两，岁出381357175两，赤字84395266两。但经资政院的审议，岁入增加为301910294两，岁出降为298444360两，从赤字，变成略有盈余。[12] 不仅中央财政状况大有好转，地方财政也相当宽裕，很多省份都有大量的结余。多的达到上千万两，少的也有几百万两。辛亥革命后民军的扩充，大部分用的是这个钱。

这一时期财政收入的增加，固然有加税的因素。新政期间，的确开征了一些跟新政有关的捐税，比如警务和教育的附加。但也有现代方法的财务整顿的功劳，比如肃亲王善耆兼任北京崇文门税监，采用现代会计制度，严禁关员勒索，但增加部分，年终提奖。最后在短时间内，税收增加了两倍。[13] 更重要的是，这一时期，吏治有了一定程度的改善。以往税收过程中的跑冒滴漏，有了很大程度的改观。而我们知道，传统税收最大的漏洞，恰在于中途的损耗，经手人的贪渎。虽然说，到了清末，清朝的官僚机器，已经锈蚀，吏治的腐败依然根深蒂固，但是，由于新政极大地激发了汉人士绅和绅商的积极性，各地的士绅和绅商，通过地方自治以及办学，兴办各种社会团体的途径，以极大的热忱参与了新政。对于地方官员的不法行为，他们不仅可以通过传统的途径走御史门路弹劾，更可以通过斥诸媒体，全国通电，示威请愿等形式表达抗议。新政时期抵制美货，收回利权和立宪请愿等大规模的政治运动，显示了士绅绅商的实力和威力。新政时期推行的地方自治，以及预备立宪，给了士绅和绅商参与改革的正式通道，也反过来极大地制约了政府和政府官员的行为。与此同时，自1903年苏报案之后，朝廷的媒体政策逐渐开放，大量的民营报纸问世。少数具有革命倾向的报纸自不必说，就是一般的民营报纸，也多半以与官府为难为事业。

凡是嗅到官员的贪腐和不法，一定大张挞伐，毫不容情。在这种特别的情形下，一方面是官员落马的多了。据统计，仅1909和1910两年，经摄政王载沣批准革职的大小官员，就达千人以上。[14] 另一方面也不能不说，这一时期的吏治状况，是有所好转的。在媒体和士绅天天盯着，痛加批评的情况下，至少不可能变坏。吏治好转，官员贪腐减少，民众的负担就轻，所以，尽管新政增加了许多新税，但民众的反弹却不强烈。后来的革命，实际上是社会中上层对统治者不满的爆发，而非民众活不下去的造反。革命，跟广大的农民基本没有关系。由始至终，农民连响应革命都兴趣缺乏。

当然，废科举的确很有问题。科举制度，本质上是一种选官制度。以考试选官，原本是中国对世界的贡献，就目前来看，依然是最佳的制度选择。但是，在古代的中国，这个制度不幸地跟教育制度捆绑在了一起，使得学校教育，基本上以科举为导向，到了明清两代，官学系统，居然成了科举的一个台阶，基本上丧失了作为教育机构的功能。而且连带着把民间的私学体系，也跟科举联系起来。虽然说进私塾读书的人，未必都要考科举，但其中学得好的，肯定是以科举为目标的。这样一来，整个学校体系，所教的内容，基本上被科举左右了。显然，这种现象，是导致中国社会其他的技能教育缺失，只能师徒相传，口传心授的一个重要原因。间接地，也跟近代科学技术难以在中国发端不无关系。

一直以来，对科举的诟病就没断过，而近代则更是把中国之弱归结于这个制度。似乎只有废除了科举，西方的科技才能在中国落地。在废科举的时候，实际上人们是把科举看成了教育制度。所以，废科举，才跟兴学堂相对应。事实上，当时兴办的新式学堂，是面对社会的，目的是给社会输送各类的人才。而科举考试，则是面对官场的，为官场选拔人才。正确的做法应该是把科举和学校制度剥离开来，保留科举，但降低位置，取消附在上面的种种荣誉和特权，仅仅作为选官之用。而同时废旧学，兴新学。但是，当时的改革，却把这两者捆在一起，一并扔掉了。

不用说，这样的改革，的确会引发一些社会问题，比如会导致民间私学的动荡，私学市场萎缩，一些不发达地区以教书为业的人，生计会出现问题。山西的一些地方，就出现了秀才上街抗议游行的现象。这一时期，山西个别地区打先生、烧学堂的风波，多少跟废科举有点关系。传统的士绅金字塔结构，也会因此而出现麻烦，新学堂的学生，从小学到大学或者留学生，到底要摆放在哪个位置，有点混乱。但是，这种改革并没有导致大批的士子失业，没有奔头。当时学堂一兴，大批的士子都奔学堂去了。当时传说是小学相当于秀才，中学相当于举人，大学相当于进士。当年考一个秀才相当难，但进个小学却容易得多，进中学，难度也不太大。各地都在兴办学堂，名额比当初的秀才的学额，不知多了多少倍。所以，人们实际上是把学堂当便宜科举看的，蜂拥而至，可以理解。到辛亥革命发生前夜，这些学堂学生多数还没毕业，出路问题，并不严重。同时，由于改革，新事业也在出现。1905年之后，是中国民营企业的高峰,报馆也在纷纷兴办,比起从前,新的就业机会,还是多了起来。据统计,新政时期也是一个民营资本投资的高峰,加上朝廷因新政而出现各种新事业,士人的机会从另一个方面也在增加。随着朝廷军事改革的推进,投身待遇优厚的新军,也是一种不错的出路。况且,即使新学堂兴办了,但旧式私塾教育,一时半会儿也不可能消亡,整个民国时期,私塾都在顽强地生存。我们不能断定,在新政时期,教旧书的人,就没饭吃了。迄今为止,我们也没看到有关士人失业的确切资料。

那么,士子跟朝廷,或者说政府的联系是否中断了呢?显然也不是。科举废了,民间与朝廷,以科举作为阶梯的联系方式是断掉了。但当时的改革,又创造了其他的联系方式,比如地方自治组织,预备立宪期间的准议会谘议局,以及这些机构背后的各种社会组织,学会、商会、农会等等。我们知道,科举作为一种士子跟朝廷的联系,是无声的。一般来说,除非出现明显的科举舞弊,或者特别的政治事件,士子无法通过科举这个形式,对朝廷发声。但各种地方自治组织,各种商会、学会之类的社会组织,却有这样的发声渠道,更不要说作为士大夫的议政平台谘议局和资政院了。事实证明,自废科举之后,士绅与清政府的沟通和对话不是减少,而是增加了,而且增加的幅度非常高。在野士绅和绅商不仅跟地方当局沟通密切,跟中央政府直接对话,也有了管道。即使1908年之后上台的满族亲贵政府,也不能完全忽视民间的声音,立宪请愿虽说失败,但也不是没有一点成果——毕竟预备期缩短了3年。没有了选官制度，但不能说士子们就没了进入官场的渠道，很多受过新教育的知识分子，比如回国的留学生，有不少都通过一种特别的留学生考试，进入了官场。在改革后的各种新式机构中，洋学生的比例相当的高。进入新军的士人，由于有文化，晋升的机会也多，从士兵变成了士官和军官，也算是入仕了。

至于新政的军事改革，产生的新军成为清廷掘墓人的问题，其实也不能单从表面上看。的确，军事的改革是导致了新军和旧军的矛盾。不仅原来的绿营面临被淘汰，或者转为警察的命运，就是曾经叱咤风云的湘淮军，甚至由部分由淮军改编的练军，也不得不退为巡防营（相当于地方部队或者武警）。面对装备好，待遇优厚的新军，原本应该感到不满的是他们才对。但是，反倒是新军容易出事，这里有缘故。改革中，由于南方新军比较注重文化水平，因此士兵思想比较新，这样的新，也曾让一部分地方官产生畏惧，觉得这些新军的军官和士兵，有思想上的异动。好些地方都出现了限制新军的举措，平时不发子弹，演习时限制子弹数量，关键时刻甚至连枪栓都卸了。但是，明显作为次等军队的巡防营，却从没有这方面的限制。更过分的是，有的地方官还用巡防营监视新军，造成了跟改革初衷截然相反的歧视。在各个国家，各个不同军种之间，军人和警察之间，都免不了有冲突。试想，在大街上，一旦出现口角，有枪有弹和有枪没弹的人之间，肯定前者气更粗，胆更壮。原本是天之骄子的新军，忽然成了受气包，心气如何能平？其实，当时的思想趋新，是社会的潮流，不见得一定跟革命有关系。把这种新视为洪水猛兽，其实是一些官员的神经过敏，或者，是因为他们自身的思想太旧了。其实，北洋军也是新军，为何北洋军就比较稳定？北洋军里也有不少学堂学生，甚至留学生，为何他们倾向革命的人很少？[15] 很简单，当时没有落到北洋军头上的歧视。

在改革中，新事物和旧事物难免出现扞格和冲突，如果一些官员思想比较旧，喜旧厌新，扞格和冲突就会更加严重。但解决之道在于不断推进改革，让旧的事物得到改造，以新事物取代旧事物。军事改革，目的就是用新军取代旧军，因为只有这样，中国的国防才有出路。改革，矛盾和冲突是不可避免的，不能因为这些矛盾和冲突，就质疑新事物的"忠诚"。北洋军也是新军，在当时就没有人怀疑他们的忠诚。即使在南方新军中，不稳的人，也只是一小部分。受革命思想习染的新军士兵，即使在被革命党人大规模渗透的湖北新军中，也是少数。就算受了革命思想的熏陶，到时候能不能革命，也不一定。武昌起义时，湖北的一镇一协新军，在武汉的，差不多有一万人，参加起义的不过三千，而且基本上没有军官参与，其中也难说没有被裹挟进去的。即使按事后革命的人夸张的估计，湖北新军一镇一协一万五千人中，革命党人也不过将近两千，同情革命的人约四千。[16] 事实上，如果不是革命党据点提前暴露，党人花名册落到湖广总督瑞澂手里，而且瑞澂又处置严重失当，杀人示威，导致谣传满天，说瑞澂要按图索骥，大开杀戒，等于反向为革命做了动员，形成了举事死，不举事亦死，而且必死的态势，起义能否如期发动，能否有那么多人参加，都是未知之数。

很多地方新军的不稳，实际上跟地方官的反向歧视有关，这样的歧视，激起了新军的怨望之情。即便如此，新军的不稳，也不是全局性的。

至于新政任用的大批留学生的革命倾向，更是可疑。革命之后，很多的人回忆都说，他们自回国那日起，就在准备革命。参加留学生科举，积极投身仕途都是为了争得日后革命的本钱。但是，当年留日学生占据了新军的半壁江山，国内的军事学堂，基本上是留日学生在控制。[17]但当日他们的思想倾向，到底是趋于革命还是立宪？谁能说得清楚。如果不是革命已成燎原之势，他们能否投身革命，真还不好说。武昌首义，那么多学堂学生和留学生出身的军官，何以只有一个吴兆麟参加了革命？即使有些人在日本留学时参加过同盟会，也不见得回国后一定会坚持革命立场。后来的回忆，往往是靠不住的。比如阎锡山说他和赵戴文两个回国的时候，每人带了一颗炸弹，供发动革命之用。[18]谁都知道，那时候的炸弹非常不稳定，稍有颠簸，就可能爆炸。革命党人一般都是在日本学会了制作，在国内制造然后使用。谁能坐几天的船，从日本带回去？万一风浪颠簸，在船上爆炸，岂不自己害自己？不管事后说得怎么好听，山西辛亥起义，率先发动的不是身为标统（团长）的阎锡山，而是管带（营长）姚以价，而姚恰恰是个所谓的保皇党人。

当然，新政走下去，尤其是以立宪为标志的政治改革走下去，满人的统治，满人皇帝的统治，是不是像呼吁立宪的官绅们说的那样，皇权永固或者"世袭罔替"？我看不会。当时的王朝，毕竟是一个少数民族政权。这层窗户纸，早就被革命党人捅破，满汉一体的神话，早已破灭。而且经革命党的宣传，满人在入关之初的暴行，也为世人所知，极大地削弱了满人统治的合法性。尽管新政预备立宪时期制定的钦定宪法大纲，皇帝权力还相当的大，但毕竟已经开始厘定皇权的界限，有界限，就意味着有了限制。立宪是要有选举的，按选举的路子走下去，在汉人的汪洋大海中，居于人口极少数的满人特权肯定会越来越受到限制。满人的统治，走向名存实亡或者消亡是迟早的事。从这个意义上说，1908年之后，新上台的满人少年亲贵一边推行预备立宪，一边回收权力，集中资源，力求把大部分的权力和资源抓在自己手里。其实从他们自身考虑，也不是没有道理——把军权，财权以及全国的大部分资源都抓在手里，汉人就是想翻天，不也翻不成了吗？然而他们忘记了，这样做，势必会得罪太多的人，尤其是得罪当时最有实力的汉人士绅，立宪派人士。一旦革命党来放火，就没有人帮着救火了。掌握海陆军大权的旗人，从载沣、载涛到荫昌和萨镇冰，权力是有，但却指挥不了军队。不止是军队不听话，他们自己的威信，能力和胆略也有限。事实上，在这个世界上没有哪个家族，哪个统治集团可以江山永固的。是体面地退休，还是被人赶下台，是两个必然的选项。

革命的发生以及迅速扩散，的确因为朝廷的政策引发了怨望之情，情绪还相当大。但这不是新政改革所致，而是当时当家的满族亲贵，逆改革的潮流而动所致。政治改革的趋势，就是使更多的人分享更多的权力，在当时而言，就是让汉人士绅和绅商，进一步分享权力。可是，把持朝政的满人亲贵，不仅拒绝分权，反而大肆收权，推行铁路国有（收回资源），收回军权，搞皇族内阁（收回并集中行政权），因而得罪了最不该得罪的人，代表士绅和绅商的立宪派，也开罪了地方实力派甚至部分地方官僚。此情此景，让这些人造反，倒未必能做，但有人造反，他们就能加入。革命党人，恰在此时，扮演了一个放火者的角色，于是，革命之火就成燎原之势了。这期间，1908年最高领导人换马，绝对是一个时局转换的枢纽。正如费纳克（Vinacke, Harold Monk）所说：尽管新政期间每年都可以看到若干改革，九年预备立宪的方案也切实可行。"然而，由于1908年以后局势混乱，或许也由于清政府对于改革缺乏真正的兴趣，这个方案的许多措施仅仅停留在纸面上。"[19] 不肯选择体面下台的满人亲贵，最后实际是被逼下台。虽然小皇帝没有上断头台，但满人整体的命运，却相当悲惨，很多人不得不选择伪装汉人，才能活下去。虽然说，革命的发生，革命党之所以有机会，是当家人少不经事，严重缺乏政治经验惹的祸。但是，改革也的确存在某种政治陷阱，即所谓的"合法性陷阱"。越是合法性不足的统治者，越是容易倾向于以收权来稳固统治，借助强权威慑反对者。人们很容易直线式地想到，抓权在手，总是要保险一点。从而忽略了这样的抓权，会开罪什么人。忘记了所谓的权力和资源，实际上是要由人来掌控的，能力不济，掌握在手里的东西，一样会丢掉。当时的满人，的确处于某种困境之中，少数民族政权，同时入关时又有"历史问题"，经过将近260年的养尊处优，整体素质又在下降。试想，如果当时的皇帝，是汉人，而且没有过去的"历史问题"，这样的陷阱，就未必起作用。

可以说，辛亥革命的发生，不是改革引发了革命，而是改革进入了自己的陷阱，当家人身陷其中没能及时自拔。所以说，清王朝不是被改革葬送的，而是被当家人自己一不留神步入陷阱埋葬的。

注释：

[1] 斯考切波：《国家与社会革命：对法国、俄国和中国的比较分析》，上海人民出版社2007年版，第二章第二节和第四节。

[2] 骆慧敏编：《清末民初政情内幕》上册，知识出版社1986年版，第473页。

[3] 李天德、李明吾：《长治、高平的干草会》，《山西文史资料》第四辑。长治市文史研究馆：《上党干草会运动》，《辛亥革命回忆录》第五集，文史资料出版社1963年版。

[4] 《辛亥革命》（三），第389、454、455页。

[5] 王用宾：《记山西在辛亥革命前后的几件事》，《辛亥革命回忆录》第五集，文史资料出版社1981年版，第118页。张之芯等：《"文交惨案"资料四则》，《山西文史资料》1991年第4、5期。

[6] 林损：《林损集》中册，黄山书社2010年版，第1031-1033页。

[7] Francis Clifford Jones,China London,Arrowsmith,(1937)pp148.

[8] 《清末民初政情内幕》上册，第431、473页。

[9] （英）杜格尔德·克里斯蒂：《奉天三十年（1883—1913）》。湖北人民出版社2007年版，第167-170页。

[10] 严中平编：《中国近代经济史统计资料选辑》，科学出版社1955年版，第93页。

[11] 周志初：《晚清财政经济研究》，齐鲁书社2002年版，第140页。

[12] 贾士毅：《前清宣统三年岁入岁出预算表》，《民国财政史》上册，商务印书馆1917年版，第25-32页。

[13]曹汝霖:《曹汝霖一生之回忆》,传纪文学出版社1980年版,第31-32页。

[14]侯宜杰:《二十世纪初中国政治改革风潮》,人民出版社1993年版,第563页。

[15]北洋军至少有日本士官生30多人。见尚小明:《留日学生与清末新政》,江西教育出版社2002年版,第94页。

[16]罗尔纲:《晚清兵志》第四卷(陆军志),中华书局1997年版,第251页。

[17]尚小明:《留日学生与清末新政》,江西教育出版社2002年版,第93-101页。

[18]《阎锡山早年回忆录》,《山西文史资料》1991年第4、5期。

[19]Vinacke,Harold Monk．A history of the Far East in modern times．New York：A．A．Knopf,1928. pp210.

刘锋

思想家托克维尔对于中国的意义

逝去人的思想，总影响活着的人。150多年前去世的法国思想家托克维尔，影响中国人的头脑也已经有20多年了。由于中国高层领导人的推介，他的影响范围更大了，以至于我这个读书人也要凑一凑热闹，说一说他对中国的意义。

托克维尔，法国人，1805年出生，比马克思大13岁，贵族血统，法律专业，当过律师、省议会的议员、众议院议员，44岁时做过4个月的外交部长，经历过5个动荡的"朝代"，游历过美国、英国、阿尔及利亚等国，写过两部最为著名的作品——《论美国的民主》与《旧制度与大革命》，曾被选为法兰西学院的院士，一生追求自由，54岁时英年早逝，但是，他的思想却没有逝去，而且越来越香飘全球。

他在中国有多香？

在清华大学李强教授的社会学讲座上，你能听到他饱含忧虑地引用托克维尔在《旧制度与大革命》中的名言。学者刘瑜在《民主的细节》

一书中开篇就用"托克维尔的那场旅行"为题来讲述她所看重的民主故事。在历史学家余英时先生的著作中，你能看到他在反复运用托克维尔的研究资料，或论证或批判。在许多已毕业的研究生中，许多人把托克维尔的著作当做毕业时的学位论文来研究，后边仍有许多研究生在绞尽脑汁地研究他。已经出版的研究托克维尔的书信、思想全集的著作，又被许多人再度咀嚼、品评。在中国阅读政治学家亨廷顿的作品中，你也能多次遇到托克维尔的名字和思想。在网络上，有的编辑已把托克维尔的作品做成吸引人的读书专题供网友阅读。在微博上，有关托克维尔的名言、警句常常被四处传播。在执政的高层领导人中，阅读托克维尔的作品已成了公开的秘密。

在涉及自由、平等、民主的思想溯源中，你不能绕开托克维尔的视角。只要你真正地研究政治的价值，你就必须倾听他的诉说，感受他的思想魅力，体会他前瞻性的哲学洞见所带来的冲击。一个知识人在逝后能有这些荣光，不就是在验证思想的无穷力量吗？不就是在论证知识人穿越历史的高贵品质和远见智慧吗？

读着托克维尔的书，想着中国的那些事儿。30多年开足马力的前进，让中国人尝到了市场经济自由带来的甜头，让一部分人成为了既得利益者，也让阶层之间的矛盾凸显。今天的中国走到了改革的关口，不改革，无活路，想改革，又怕风险太大，代价太大，失去太多，因而，不能不从托克维尔的洞见中寻找些思想资料以资借鉴。

中国人常说，发展是解决一切问题的钥匙。可是，发展也可能诱发革命，正如托克维尔在《旧制度与大革命》所说的两个悖论：一是经济的繁荣加速了革命的到来。为什么会这样？因为，经济的繁荣，刺激了民众发财致富的欲望，也刺激了政府收税、投资建设的欲望，两种欲望有共识的地方，也有矛盾的地方。当民众发财致富的欲望被政府刺激得不可抑制，而又被政府的各种错误政策、执法阻碍实现的时候，革命的到来就不难理解了。二是在民众感受苛政最轻的地方却率先爆发了革命。在极端压抑的制度下，民众革命的欲望和能力也被压抑住了，久而久之，民众对压迫不再敏感，长久的忍耐成了他们的习惯。一旦这种压力减弱，民众对周围的压迫变得敏感起来，各种欲望被调动起来，革命的欲望常常随之而来了。因而，托克维尔说："革命并不是在那些中世纪制度保留得最多、人民受其苛政折磨最深的地方爆发，恰恰相反，革命是在那些人民对此干涉最轻的地方爆发的；因此在这些制度的桎梏实际上不太重的地方，它反而显得更无法忍受。""对于一个坏政府来说，最危险的时刻通常就是它开始改革的时刻。"

这"两个悖论"，当然也在警示着中国改革的发起者。30多年的经济发展似乎太顺利了，民众的收入也多了起来，但是民众的不满声音似乎越来越大了，民众不像以前那样对执政者的政策、路线抱有绝对的信任了，仇官、仇富的社会心理似乎已经形成，执政的合法性基础也不那么牢靠了。如此情势已是"最危险的时刻"，不改革，走不下去，改革吧，又怕刺激革命的到来。怎么办？渐进地改革、保守地改革、小心翼翼地改革，必然成为改革的路径选择。

在动荡不安的年代里，作为一个贵族的后代，政坛失意的知识人，托克维尔对周围的一切思考甚多，内心里充满了敏感、焦虑、纠结、自我怀疑、自我坚定，好在他复杂的心态可以被他良好的理性训练、冷静写作所平衡。在他的书信、著作中，读者可以清晰地获知这一点。对于自由、平等、民主三者之间的复杂关系，托克维尔给出的排序方式是，自由优先，平等、民主其次。他在其《回忆录》中这样说："在思想上我倾向民主制度，但由于本能，我却是一个贵族——这就是说，我蔑视和惧怕群众。自由、法制、尊重权利，对这些我极端热爱——但我并不热爱民主。……我无比崇尚的是自由，这便是真相。"

托克维尔眼中的自由，是一种信仰上帝、法律权威前提下，不受政府和他人干涉的言论、行动、呼吸的快乐。追求这种快乐，需要长期的培养与呵护，并不一定能在短时期内获得物质利益，所以，很多人不喜欢自由，而更喜欢平等。但是，平等有两种：一种是真正的追求自由权利的平等；一种是在专制条件下做稳了奴隶的平等。令托克维尔悲伤的是，革命浪潮中的民众常常选择做平等的奴隶。"只要平等与专制结合在一起，心灵与精神的普遍水准便将永远不断地下降。"

在托克维尔看来，民主不仅在他所处的时代是一股不可抗拒的力量，而且在未来的社会中，也必将继续发展和推广。这一判断无疑具有前瞻性。而对于民主的好处和坏处，托克维尔也有冷静的思考，"民主的真正好处，并非像人们所说是促进所有阶级的兴盛，而只是对最大多数人的福利服务"。法国大革命的功绩就在于它用巨大的血的代价执着地肯定了民主的正当性，开创了政治民主化的世界潮流。此外，他认为，民主实现的最好方式是代议制，美国民主制度中的分权制衡原则是美国立法者的最大功绩。当然，民主也有致命的坏处。当民主沦落为一种"多数人的暴政"或是"多数人的专制"时，民主就走向了它的反面，因为，这种民主侵犯了少数人合法的自由权利，也就颠覆了民主的本质——追求平等自由权利的多数人的意志。此处，读者可以充分理解托克维尔自由优先于平等、民主的理念所在。

为什么法国底层民众那么热衷于革命？多愁善感的托克维尔，从自身的从政经历和现实观察中，反复研究这一问题，并给出了他的结论。他认为，长期遭受深重苦难的法国底层民众被教士阶级、贵族阶级所抛弃，造成了底层民众与教士、贵族阶级之间的截然对立，形成了法国农民的仇教、仇贵心理，最终，教士、贵族阶级被人数众多的底层民众掀翻在地，所有的旧制度被打碎重建。所谓的革命就是一句话："起初，你们抛弃了我，最后，我也就抛弃了你们。"要缓和这种阶级的对立，必须有一个数量庞大的中产阶级充当缓冲地带，使社会各阶级的流动顺畅起来，才有可能避免革命的发生。然而，在当时的法国，并没有这样一个规模的中产阶级群体。

法国底层民众是苦难深重的，同时，又是自私自利的，"因为专制制度夺走了公民身上一切共同的感情，一切相互的需求，一切和睦相处的必要，一切共同行动的机会，专制制度用一堵墙把人们禁闭在私人生活中"，导致社会各阶层严重的自私自利。由此，读者不难理解法国大革命前后整个社会道德水平的严重滑坡。在专制环境下熏陶出来的底层革命群众，学会了专制政府侵犯公民自由、财产权利的一切手段，因而，革命的野蛮、血腥、荒谬性都可以在特定时期一股脑地爆发出来。读过英国小说家狄更斯小说《双城记》的人都会有这一深刻印象。法国专制政府的教育、诱导、压迫，教会了底层革命民众使用一切破坏性、非人性的暴力革命手段，来最大限度地侵犯无数公民原本合法的自由权利。

毫无疑问，托克维尔用冷峻的笔触为读者留下了一笔宝贵思想遗产。在他的遗产中，知识人可以多角度地思考关于自由、平等、民主、革命等话题，也可以看到一个关心国家大事的法国知识人，如何在政治边缘地带和内心紧张焦虑中坦露自我的学者良心的。他观察法国大革命的社会结构、社会心理的丰富视角，以及他对自由、平等、民主等价值追求的排序、论证，都源源不断地散发出知识人"独立之精神，自由之思想"的永恒魅力。

脱胎于革命潮流中的今日中国人，在社会心理和情绪气质上，或多或少地与当年的法国民众有一些相似。对平等的长久性的热切期待，对民主的长久性的实践不力，对自由的长久性的认知不足，对革命的长久性的习惯应用，都在集聚着今日中国人潜在的革命心理。一旦急切、暴躁、毕其功于一役的快速革命心理、行动占了上风，30多年的改革福利将付之东流。对此，中国人不能不警醒，不能不从世界文明史中去寻找一些更具智慧的改革手段。

处在权力上位的执政者，阅读一下托克维尔的作品，很有好处。他们最应该考虑三点：一是如何教给民众一种重视自由、平等、民主的权利知识，训练他们用行动去追求这些权利，利用法治保障去实现这些权利；二是学会借鉴国外权力相互制衡的制度手段，而不是仅仅靠自我修正的手段去运行权力；三是着力培育一个数量庞大的中产阶层，构建合理的社会阶层结构，增强社会的流动性，缓和阶层之间的矛盾，使社会的和谐充满柔性的色调。

黄力之

旧制度的道义之失

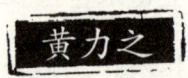

托克维尔研究法国大革命后，得出结论：革命的手段是政府教会人民的。

在物欲主义统治的时代，革命是最讨厌的东西，因为它会把你实际上存在或幻想着存在的别墅、名车、美女，还有葡萄美酒夜光杯，一并打碎，甚至还包括你的诗歌、你的学问——马克思的朋友，伟大的德国诗人海涅就非常担忧，共产主义革命将"粉碎诗人所非常喜爱的艺术方面的一切游戏和虚幻的想象"，遑论其他既得利益了。也许由于此，二十世纪九十年代中期以来，出现了"告别革命"的思潮。

法国历史学家亚历克西·德·托克维尔于法国大革命爆发后第十六年出生，穿袍贵族家庭背景，当过法官，其父母在大革命时被捕入狱。家庭历史背景决定他不可能成为革命的鼓吹者，但作为一个历史学家，他追求独立思想，力图超越本阶级狭隘利益。在《旧制度与大革命》这本书中，托克维尔以法国大革命为例，认为欲告别革命，先得弄清楚革命是如何滋生的，简单的骂或者鼓吹，都不能解决社会的问题。

关于《旧制度与大革命》这部著作，保尔·雅内在《法国大革命的哲学》（1875年）中说："托克维尔在某种意义上为革命辩护，在另一种意义上批判革命，但是他不同于革命的批评者或革命的拥护者通常对革命采取的行径。他替革命申辩，证明革命并不像守旧派所说的那样标新立异，因而也不是那样荒诞不经……反过来，托克维尔力图唤醒我们对革命的一种可能后果的忧虑，即新专制主义的确立……这就是德·托克维尔先生的著作给我们提出的教训。"（《旧制度与大革命》，商务印书馆1981年版，后同，第22页）

在这本书中，人们会发现，革命之发生，并不一定是因为饥寒交迫，惨无人道，但却一定是因为公共道义丧失而使社会陷入分裂之中，形成了躲避不了的宿命。

法国大革命前，在某种程度上，国家呈现的是繁荣景象。就专制的残酷性而言，对比德国、英国，法国并非最甚。颇为搞笑的是，当时的"中央政府并不仅限于赈济农民于贫困之中，它还要教给他们致富之术，帮助他们，在必要时还强制他们去致富"（第81页）。

因此，"乍看起来使人惊讶。大革命的特殊目的是要到处消灭中世纪残余的制度，但是革命并不是在那些中世纪制度保留得最多、人民受其苛政折磨最深的地方爆发，恰恰相反，革命是在那些人民对此感受最轻的地方爆发的；因此在这些制度的桎梏实际上不太重的地方，它反而显得最无法忍受"（第64页）。托克维尔在书中问道，"何以繁荣反而加速了大革命的到来？"

托克维尔在其前言中提出，当时的法国社会处在金钱拜物教对传统社会关系的解构过程之中，而专制社会却以此为生存机遇，他描述为：在当时法国社会中，每个人都苦心焦虑。金钱一方面成为区分贵贱尊卑的主要标志，另一方面又处于流动性中，它不断地易手，改变着个人的处境。因此几乎无人不拼命地攒钱或赚钱。不惜一切代价发财致富的欲望、对商业的嗜好、对物质利益和享受的追求，便成为最普遍的感情。有趣的是，专制的政治制度认为这些使人消沉的感情对自己大有裨益，"它使人们的思想从公共事务上转移开，使他们一想到革命，就浑身战栗，只有专制制度能给它们提供秘诀和庇护，使贪婪之心横行无忌，听任人们以不义之行攫取不义之财。若无专制制度，这类感情或许也会变得强烈，有了专制制度，它们便占据了统治地位。"（第35页）

托克维尔认为，只有自由才能与这种种弊病进行斗争，使社会不至于沿着斜坡滑下去。唯有自由才能使公民摆脱孤立，促使他们彼此接近。因为只有在公共事务中，才需要相互理解，说服对方，与人为善。只有自由才能使人们摆脱金钱崇拜，摆脱日常私人琐事的烦恼。

实际上，托克维尔在这里讲的就是中世纪的瓦解与资产阶级社会的形成过程。在这一过程中，基督教教会本身由于道义的缺失而被社会声讨——宗教改革应运而生。但与此同时，当原先由教会统治的社会落入资产阶级的手中，道义制约的表面机制也没有了，全社会进入了更大规模的、公开的道义缺失阶段。

这样，资产阶级的拜金主义解构着贵族社会的生活方式和观念形态，但贵族社会却只看到了利己主义、拜金主义的好处：它使人原子化，每个人只关心自己的物质利益，对公共事务漠不关心，而且害怕一切变动——谁知道变动以后还能不能有发财的机会呢？这样，无人关注社会本身的问题，无人去寻求公共的解决之道。

问题是，当制度"使贪婪之心横行无忌，听任人们以不义之行攫取不义之财"时，统治阶级的成员自己也成为"以不义之行攫取不义之财"的一群。托克维尔说，"必须详细研究旧制度的行政和财政史，才能明白一个温和的但是没有公开性并失去控制的政府，一旦它的权力得到认可，并使它摆脱对革命——人民的最后保障——的恐惧，那种对金钱的需求会迫使它采用哪些粗暴而可耻的手法。"（第139页）

托克维尔以国王查理七世征军役税为例，说："从那开始，国库的需求随着中央政权权限的增长而增长，军役税也随之扩大和多样化，不久便增加到十倍，而且所有新捐税都变成了军役税。这样，捐税的不平等每年都使各阶级分离，使人们彼此孤立，其深刻程度超过了以往任何时代。最有能力纳税的人免税，最无能力应付的人却得交税，当捐税以此为宗旨时，就必然要导致那一可怕的后果——富人免税，穷人交税。"

为什么说"富人免税，穷人交税"呢？马扎然（1602-1661）为首相时，由于缺钱，曾向巴黎的豪门征税，可是一遇到当事人的反抗，他便退缩下来。而普通百姓缴纳的军役税，增加了五百万里弗。马扎然本想向最富有的公民征税，结果税落到最穷困的公民头上；但是国库并没少收一文，托克维尔称之为"不可思议的而且起有害作用的取之不尽的理财本领"。

更可怕的是，卖官鬻爵制度在当时公开存在，勒特罗纳（1728-1780）1775年说，"国家创造工业集团只是为了找财源，或是靠出卖特许证赚钱，或是靠设置各种新官职赚钱，国家强迫各集团购买新官职。1673年敕令将亨利三世各项原则的恶果招引出来，勒令所有集团掏钱购取批准证书，强迫所有尚未纳入集团的手工业者加入。这事虽卑鄙，却赚得三十万里弗。"

托克维尔说："这种现象世所未见。由于这种出于理财思想的捐官制，第三等级的虚荣心遂在三个世纪当中得以保持不衰，他们唯一的念头就是获取官职，于是国民的内心深处被灌进这种对职位的普遍欲望，这种欲望后来成为革命与奴役的共同源泉。"（第142页）

读到这些材料，会想起温家宝2008年3月答记者问的话，"其实一个国家的财政史是惊心动魄的。如果你读它，会从中看到不仅是经济的发展，而且是社会的结构和公平正义。"

当政府"以不义之行攫取不义之财"时，民众必然成为"不义之行"的牺牲品。当时，"穷人在城里得到救济，但在农村里，一到冬季，行乞便成为绝对必要"。"人们不时以最残暴的手段对付那些不幸的人。1767年，舒瓦瑟尔公爵想一举扫除法国的行乞现象。在总督们的信函中，可以看到所用手段是何等残酷。骑警队受命同时逮捕王国内的所有乞丐，据说这样被捕的乞丐达五万多人。身强力壮的流浪汉被押解去服苦役；其他的人则由四十多家乞丐收容所接纳：让有钱人再发发善心岂不更好。""旧制度的这个政府在那些高居人民之上的人面前是那样温良恭俭让，当它对下层阶级尤其是对农民下手时，却常常是冷酷无情，并且总是猝不及防。我看过的文件当中，没有一份通报总督下令逮捕资产者，但是农民不断遭到逮捕，无论是在服徭役，服军役，行乞，治安，还是在这样那样的其他各种场合。对于那些骑在人民头上的人，使用的是独立的法庭，长时间的辩论，监护性的公开审理，对于下层阶级尤其农民，法官却即席判决，不准上诉。"

托克维尔在此处援引内克1785年的话："在人民和所有其他阶级之间存在的巨大距离，容易转移人们的眼光，使之不注意政府怎样被操纵来对付所有小民百姓。仁慈与人道已成为法国人的特征和世纪精神，舍此这个问题便会使那些对此屈辱抱有同情的人们感到无穷忧愁，尽管他们自己免受其苦。"（第168页）

显然，专制制度以金钱拜物教为统治的合法性基础是一个错误的判断，因为它无法真正满足所有人的这个愿望，结果必然是，专制制度成为失望和痛苦的发泄对象，即革命的最终目标。托克维尔感叹道："一场浩劫怎能避免呢？一方面是一个民族，其中发财欲望每日每时都在膨胀，另一方面是一个政府，它不断刺激这种新热情，又不断从中作梗，点燃了它又把它扑灭，就这样从两方面推促自己的毁灭。"（第213页）

在一个"金钱已成为区分贵贱尊卑的主要标志"的社会中，政府可以放心于民众对政治的冷漠，可是政府自己的权威也被瓦解，托克维尔揭示出，"政府不断地更改某些规章或某些法律。没有什么东西能在它所处的范围内得到片刻安宁。新规则以如此奇特的速度一个接着一个更替着"，"即使法律没有变更，执行法律的方法每天都在变动。若未从旧制度政府遗留下来的秘密文件中看到政府的工作状态，就无法设想法律最后竟如此遭人蔑视，甚至遭执行法律者的蔑视"（第105-106页）。

可以说，这也是利己主义、拜金主义盛行，个人原子化的必然后果，当人人都怀贪婪之心，都努力以不义之行攫取不义之财时，法律和规章势必失去威望。

更值得思考的是该书第六章，托克维尔的标题是"政府完成人民的革命教育的几种做法"，论证的问题是：政府是革命的对象、革命的敌人，但是，革命的手段却是政府教会人民的。托克维尔写道：路易十四以后的朝代中，政府每年都现身说法，告诉人民如何轻视私有财产。十八世纪下半叶，当公共工程尤其是筑路蔚然成风时，政府毫不犹豫地占有了筑路所需的所有土地，夷平了妨碍筑路的房屋。对于桥梁公路工程指挥来说，现存线路若有一点弯曲，他们宁肯穿过无数不动产，也不愿绕一个小弯，在这种情况下被破坏或毁掉的财产总是迟迟得不到赔偿。

由此可以说，"一个温和稳固的政府就是这样每天教给人民那种最适应于革命时代、最适合于专制暴政的刑事诉讼法。它一直开办这类学校。旧制度始终给予下层阶级这种冒险的教育。"（第225页）

托克维尔并不认为社会危机起于政府官员无能，问题在于，当法国贵族社会的政府官员把自己也变成丧失道义追求的丛林动物时，他们的命运便只能由革命来决定了，当革命到来时，别看那些平时愚昧的农民，"要是你挡住他们的道，他们连看都不看你一眼，就从你的身上踏将过去"（第169页）。

托克维尔讨论的是法国大革命，但在二十世纪上半期的中国，发生了国共冲突，国民党在道义上存在许多问题，如官员普遍性的腐败，以及上上下下的专横跋扈，而共产党则正好相反，尽管实力上不如国民党，但占据了道义的高峰，这才有了1949年的结局，真可谓"历史的经验值得注意"。

刘晨光

旧制度、新制度与大革命

《旧制度与大革命》在中国引起热读，很大程度上与中国当下的改革处境有关。

这本书是法国历史学家亚历克西·德·托克维尔（Alexis de Tocqueville）的经典名著，原著出版于1856年，中文版1981年由商务印书馆出版。2012年11月30日，中央政治局常委、中纪委书记王岐山在主持听取专家学者对反腐败工作的意见和建议的座谈会上说："我们现在很多的学者看的是后资本主义时期的书，应该看一下前期的东西，希望大家看一下《旧制度与大革命》。"

中国的改革，我们常常听到"改革进了深水区"，"改革到了攻坚期"等说法，二十一世纪头二十年的"重要战略机遇期"所剩不多，改革导致了人们普遍对改革产生紧迫感乃至焦虑感。政治高层提出"改革红利说"，似乎要坚定将改革进行到底的决心。

托克维尔所说的旧制度下的法国，就是一个通过改革不断产生"红利"、不断改善法国人民生活的政府；同时却也是一个因为改革而不断引发难以满足的改革诉求，致使社会矛盾激化，最终走向革命的政府。改革可以产生红利，但改革本身绝不必然就是红利。怎样使改革之利最大化、改革之弊最小化，无疑是对执政者的执政水平与政治智慧的重大考验。

但是，在谈论"改革"时，非常有必要区分两种"改革"：一种是"革命前的改革"，一种是"革命后的改革"。简单地把中国当下的改革事业比附为法国旧制度下的改革，其实并不允当。有人把当下中国的改革与晚清政府推行的改革相提并论，显示了同样的思维错乱。实际上，中国的革命已经发生了，"新中国"已经建立了，当下中国的改革是革命后的改革，是新制度的自我完善。

《旧制度与大革命》是托克维尔生前最后、也是最重要的一本书，但它是一本未竟之作。该书分三个部分：第一部分解说大革命的历史意蕴及其基本内容；第二部分分析大革命古老的、一般的原因；第三部分则分析大革命特殊的、较晚近的原因。显然，托克维尔在书中致力于发掘大革命的原因，但他更关心的问题——大革命的后果，却未及展开。不过，从他对拿破仑帝国与1848年革命的态度上，不难发现他对革命的后果并不满意。法国在大革命后出现的政体更迭与社会动荡，离他想望的一个自由的民主国家相距甚远。

对托克维尔而言，法国大革命本身只是此前一系列已经开始展开的趋向的最终完成而已。只不过，民主革命虽然把君主制推翻了，但真正的民主制并没有建立起来；民主革命使得平等观念深入人心，但在民主社会怎样保有自由,却成了更大的难题。

因此,真正值得中国读者关注和思考的是:大革命所创造的新制度如何不断获得自我完善?面对法国大革命造成的种种不良后果,托克维尔致力于探究民主社会中"自由的技艺",这实质是"革命后的改革"所要面临的问题。

托克维尔最纠结最痛苦的莫过于,他意识到民主是一种出于天意的历史必然趋势,浩浩荡荡,无可阻挡,但他又想不到法国人如何在这种趋势下保持贵族式的自由。早先他曾认为美国民主比较好地解决了这个问题,对民主持有积极乐观的态度,但1848年爆发的民众情绪和急剧高涨的社会主义革命热潮,使得民主在法国呈现出新的面貌,这一面貌使托克维尔对民主感到恐惧。他在另一本著作《托克维尔回忆录》(Recollections)中说得尤其直白:"在思想上我倾向民主制度,但由于本能,我却是一个贵族——这就是说,我蔑视和惧怕群众。"

这实际凸显了自由与民主之间所具有的张力,而此张力,本质上也就是"贵族制的自由"与"民主制的平等"之间的张力。托克维尔所热爱的自由,并非后来所说的"消极自由",而是具有积极政治参与意味的共和主义的自由,是一种具有高贵男子气的政治德性,显示了人性本身的卓越,故而他所期待的民主社会,是一个贵族式的自由得以普遍化、公民普遍享有并实践政治自由与共和美德的社会。这种主张是因为,与民主相生相随的平等精神会对人性产生一种夷平化的效果,使人的品格趋于同质的平庸。然而,如果人性所具有的卓越光辉越来越黯淡，以致放弃了对于高贵事物的追求，又怎么可能有真正的自由呢？

虽然热爱贵族式的"自由"，但托克维尔同时也愿意承认，大革命的必然趋势是谁也无法抗拒的，不能因为革命后的不良后果而否定大革命本身的意义。正是大革命使"民主"成为唯一正当的现代政治，而革命后的制度建设、改革与自我完善，实际上也就是后来所说的民主化之后的"民主巩固"问题。

法国大革命这一事件本身所经历的时间并不算长，但如果从大革命给法国与世界带来的深远影响看，我们甚至可以说，大革命仍然尚未终结。法国在大革命之后经历多次的政体更迭，帝制复辟与共和再造反复进行，直到1958年建立"法兰西第五共和国"才算告一段落。有一种说法是，1971年，当尼克松向周恩来询问对于法国大革命的看法时，周恩来淡淡地回答："现在下结论还为时太早。"时任美国国务卿的基辛格在他的新著《论中国》（On China）中对此作了更正，认为周恩来所指的是1968年巴黎运动，但这岂非恰恰说明了1968年依然受到1789年精神的感召？

大革命推动产生了世界性的民主化潮流，直到今天，人们所呼吁的民主化改革，源头上仍与法国大革命构成精神性的关联。在法国大革命之后发生的中国革命，也与法国大革命分享了共同的民主革命精神，但却试图建立一种不同于资本主义民主的"社会主义民主"，一种更新的新制度。同样，社会主义革命也不能毕其功于一役，革命也可能产生不良后果，革命后的新制度建设也是一个长期的过程。自辛亥革命以来，中国在二十世纪同样经历了"漫长的革命"，1949年建国后仍一度坚持"不断革命"，甚至改革开放也被认为是"第二次革命"。

今天，我们不能假设，旧制度下的法国君主如果更为审慎就能避免法国大革命的发生；也不能假设，旧制度下的满清政府如果更为审慎就能避免中国革命的发生，因为从君主主权到人民主权的根本变迁，乃是托克维尔所说的"天意"。但如果革命所希望建立的新制度尚未建成，那我们就不能说革命真正获得了成功。中国在1949年之后对于新制度的建设进行了艰辛的探索，并付出了惨重的代价，一直到当下的改革，中国仍处于这一新制度的自我完善过程之中。改革所产生的焦虑与困惑，只有通过新制度的不断更新、创造才能最终消解掉。

托克维尔所提出的自由与民主的矛盾问题，中国固然也需要面对，但中国需要面对的更大的矛盾，乃是当年严复就为之苦恼的富强与自由的矛盾问题。"中华民族的伟大复兴"已被提上政治日程，这是近代以来无数中国人的梦想，不过中国革命追求的社会主义事业还禀有一种更高的使命，那就是建设一种有利于人的自由全面发展的新制度，这无疑与托克维尔所期盼的有助于塑造卓越人性的自由技艺有相通之处。这恰恰是社会主义政治哲学与改革事业面临的最大难题之一。

杜薇

托克维尔与大众政治

很少有哪部外国史研究作品，能像《旧制度与大革命》这样同当下的中国语境，建立起如此切近的联系。这种联系部分出于联想，部分则是有根有据的；它在法国与中国、历史与现实之间建构出双重的相似性：两场革命的相似性，以及旧制度与中国后革命时代的新体制之间的相似性。

在《论美国的民主》中，托克维尔看的是美国社会；而在《旧制度与大革命》中，他抓住了法国国家及其治理术。特定的治理术为大革命准备了条件，预先铺设了到达革命后果的道路。在他所揭示的诸多方面中，有两个方面特别值得提出来作一说明。

首先，革命之前法国君主推行中央集权的过程中，对中间阶层的政治打击。贵族以政治权力交换社会特权，最终被君主及其官僚体制收买，丧失了他们对社会的组织功能。没有政治功能却保留各种社会经济特权的贵族，成了遭人嫉恨的对象，与君主本身成了一丘之貉。取代传统贵族这一地方组织机制的国家官僚体系，并非一架足够理性化的超级机器,而是包括了官职买卖与继承以及特权化的征税制度在内的利益私人化网络。君主通过它把法国社会的权、钱、贵笼络在自己阵营,但却只造成一种内部离心离德的、虚弱的中央集权,一种比较政治学家称之为弱专制的体制。最关键的是,这个体制打掉了地方的组织性力量,本身却无法担负起这一组织功能。因此,打掉了地方的传统组织力量,也就打散了法国社会,就像托克维尔所说,造成了法国人之间的相似化以及(看似有些矛盾的)陌生化和冷漠化。

其次,在贵族丧失政治功能的情况下,取而代之的是托克维尔所批判的文人政治。文人政治产生的条件不在于文人本身,因为文人的抽象观念要发挥社会效果,需要有相应的国家治理术与之配合,那就是这种治理术欠缺吸纳政治参与的能力。专制体制就是这样一种治理机制。它使有政治参与欲望的人群无法获得政治经验,而使传统上具有政治经验的阶层放弃其政治义务。托克维尔把体制的朽坏归结到政治自由的没落,换成我们的语言,正是参与欲望和政治能力之间的不对称:有欲望的人没有能力,有能力的人没有欲望。当法国社会被启蒙文人的抽象观念所武装,一旦统治阶层内部发生分裂,激进的群体就有机会和能力,直接诉诸这些观念上武装起来的基层成分,将他们动员起来,一举推翻旧制度。

由此看来,法国革命的机制,实为大众政治的生成机制;托克维尔所揭示的,也正是大众政治的逻辑。在托克维尔的年代,他还没有机会见识现代动员型政党的威力。无独有偶,中国现代政党政治的研究已经指出了国民党政权实质也是一种弱势独裁体制。尽管国民党也是按照大众动员型政党的机制改组出来的,但它却并没有将此逻辑贯彻到底,相反,它逐渐走上了类似法国旧制度的状态。这就为另一个基层动员能力更强的竞争对手创造了条件。中共的成功,很大程度上在于它填充了动员下层这个空缺。从这个角度来看,中国革命比起法国革命来,是更有组织性的大众政治。与此同时,这也意味着中共代表的革命力量,在其一开始就把政治参与的要求提高到了民族界限内的最高程度。也是因此,中共革命的成功和建立政权,仅仅表示它的革命的开始,而非革命的结束。它面临着一项史无前例的任务,就是如何用它创设的体制来持续满足被它调动起来的空前的政治参与规模。

人民共和国的经验是否为这一历史任务找到了一个可靠的答案,对于这个问题,应该是大可讨论的。中国思想界在这里,无疑存在巨大的分裂。很显然,《旧制度与大革命》的"读书热",暗示了成功的革命反而走到了法国革命之前的状况。或许正是出于这种直觉与经验,很快促使某些论者进行"区分技术"的操作,以便把中国与法国旧制度区别开来,斩断在这两者之间的无根据的联想。但《旧制度与大革命》中呈现的种种迹象却在不断复现出来。社会运动理论家指出:官方治理技术造成阶级意识的消亡,培育了民粹政治的温床。社会的个体化与道德冷漠,辅之义愤和暴戾之气,天生一对。再加上公知政治,宛如猛虎添翼。人们耳边或许不时回想托克维尔笔下改革的悲剧:不改无以为继,改了催生革命。传播网络中小道消息和谣言更受欢迎,也就是说，无权威的反而被视为权威，权威反而被视为没有权威。所有这些现象，都是体制未能成功吸纳政治参与要求的表现。

此时此刻，在当下的中国，阅读《旧制度与大革命》，不免令人产生一种时空的不确定感：在革命之后和革命之前读托克维尔的这部著作，体会将大为不同；那么我究竟身处哪个时空？作品是开放的，其效果取决于读者；读者又取决于其作为思想者或行动者的不同类别；而不同的行动者类别，又决定于他身处其中、又被他的自我意识所中介的具体历史语境。就如《君主论》可以有它的美迪奇，也可以有它的卢梭一样，《旧制度与大革命》也可以有它同处一个时空却有彼此对立的想象的读者。

附 录

1789年前后法国社会政治状况[1]

托克维尔

第一部分

法兰西对今日人类命运的影响是有益的还是有害的？这只有未来才能知道。然而没有人能怀疑这种影响确实存在过，而且至今仍很大。

如果探究法国人何以能通过武力、文字、或榜样引起这些重大变化，那么人们会发现在诸多原因中，下面这个应被认为是最主要的：数百年来，所有欧洲古老国家都在默默地从事摧毁国内的不平等现象。法兰西在自己国家中激发了革命，而革命在欧洲其他地区则步履艰难。法兰西第一个清晰地看准了它的意图，而其他国家只在犹豫不决的探索中感到这种要求。它随手摘取500年来流行于世的思想精粹，在欧洲大陆上一举首创这门新科学，而其邻国历尽千辛万苦，只汇集了这门科学的枝叶。法国人敢于说出别人还只敢想的东西；别人尚在模糊的远景中梦幻的事物，法国人却不怕今天付诸实施。

封建欧洲长期被分割为几千个各类主权国。每国，以至每个城市，当时互相隔绝，各行其事，所采取的办法和观点各不相同，人们并非因其合理或公正而偏爱它们，只是因为对他们合适而已。

---

[1] 这篇文章是托克维尔为《伦敦与威斯敏斯特评论》撰写的，发表于1836年。

到中世纪末期，呈现一片混乱：各国互相观望，互相渗通，互相了解，互相模仿。每个民族都对自己多年形成的一套特殊制度失去信心，而在邻国又未见到更完美的东西。于是很自然地就出现一套共同制度的设想，这种制度正因为它既非本国的，也非外国的，所以能适用于无论何时何人。

正当人们思想尚在犹疑，并开始想从旧轨道的束缚中摆脱出来之时，法兰西人民一举而割断与往昔的联系，践踏旧习俗，摒弃古风尚，挣脱家庭传统，阶级偏见，乡愿精神，民族成见，信仰统治，宣布真理只有一个，不随时空而改变，真理是绝对的而决非相对的，必须在事物深处去寻找真理，不拘形式，并宣称每个人都能发现真理，而且应该实行真理。

人们往往谈论法国思想产生的影响，这是不对的。作为法国的思想，它的力量是有限的。但人们是从普遍的角度，我敢说从人的角度去掌握这些思想的。法国人之所以取得更大力量是由于他们的哲学方法，而不是由于他们的哲学，他们是第一个敢于大力使用这种方法；是由于他们努力的方式而不是努力的结果。他们的哲学只适用于他们自己，但他们的方法可以作为一种工具，所有从事于破坏的双手都可以使用。

因此，法兰西只是居于两大革命，即政治革命与哲学革命，民族革命与思想革命的领先地位，它并未制造这些革命。从这里可以看出它的鼓动力。法兰西的力量主要并不在于它自身中发现了什么，而是在它所推动的那些人中间所发现的东西。它的行为像罗马一样：带着异邦人去征服异邦。法兰西并未在它周围散布革命种子，它只是培养存在的种子；它决非创世的上帝，而是破晓的曙光。

50年来，几乎所有欧洲国家都或多或少受到法国人的革命影响，其中大多数虽然受到影响却不知其所以然。它们听见一种共同力量的推动而不知动力为何。走遍法兰西邻国的观察家不难发现，在那里，许多事件、习俗、思想都是法国革命的直接或间接产物，但他们同时也觉察到就在这些地方，人们对这次革命产生的原因以及它在法国本国所引起的结果一无所知。从来没有一个国家对其邻国发生更大的影响，而又如此不为其邻国所理解。

我们认为这种情况在英国尤其明显。

这两个西方大国 20 年来和平相处，进行了重大的交流。许多习惯已成为两国人民所共有，许多观点互相渗透。法国人从英国法律中吸取了宪政自由的原则和法律秩序的思想。在英国见到的若干民主风尚以及在那里宣扬的公民平等的大部分理论，看来都来自法国。然而这两个民族在天然秉赋上存在如此深刻的差异，以致即使他们不再相互仇视，仍不能相互理解；即使相互模仿，仍互不了解。英国人周游法国，每日东西南北无处不到，一般都不知道在那里发生的事情。在伦敦可以读到关于东西印度发生事件的详细记载的出版物，人们大体上了解生活在我们对角地带人民的社会政治状况。但是英国人对法国各种制度只有一个肤浅的概念，他们对法国内部流行的思想、存在的偏见、发生的变化、流传的习俗一知半解。他们不知道其近邻的党派划分、居民类别和利益分歧，即使略知一二，也是道听途说。每人抱住一种比完全无知更有害的半科学，丝毫不想完全弄懂。

正因如此，这两大民族好似在阴暗处摸索，在微光下相觑，仿佛是无意中的巧遇。

这些书信的目的决不是详细介绍法国的现状，要是抱着这个目的，恐怕一辈子也达不到。作者向自己提出的唯一目的是阐明若干重要问题，考察了这些问题一定能顺利地引导善于思考的人们了解所有其他问题。

一些看不见的而又是几乎万能的锁链把一个世纪的思想与前一个世纪的思想，把儿辈的志趣与父辈的爱好连结在一片。不论一代人如何彻底地向前一代人宣战，但是和前一代人作战容易，要与他们截然不同很难。因此，要谈论某一时期的民族而不讲清它在半个世纪以前的情况，这是不行的。特别是涉及一个过去 50 年中一直处于几乎不断革命的状态中的人民时，这一点尤其必要。那些凭道听途说却未曾仔细注视法国人民所经受的连续变革的外国人，只知道在法国人民内部发生了重大变化，却根本不知道在如此漫长的变迁中，旧的状况有哪些已被抛弃，有哪些部分被保留下来。

这第一部分的意图是对 1789 年那场伟大革命以前的法国状况作一些

解释，否则很难理解法国的现状。

旧君主制末期，法兰西教会呈现在某些点上类似今天英国国教的景象。

路易十四摧毁了所有巨大的个体组织，解散或压低了所有团体，只给教士留下一种独立生活的外表。教士保留了举行年会的制度，在会上，自行制订税则；教士占有王国巨大的不动产，并千方百计渗透到政府机关中去。尽管教会依旧服从天主教的主要信条，但对罗马教廷则持坚决而且近乎敌对的态度。

路易十四所遵循的无非是在他治下全部行为中所表现的同一专制倾向，他使法国教士脱离他们的精神导师，同时让他们保留财富和势力。他觉得他将永远充当教士的主宰，由他亲自选定教会首脑，并认为教士的强大对自己有利，因为教士强大，才能够帮助他统治人民的精神，并和他一起抗拒教皇的侵犯。

路易十四统治下的法兰西教会既是一个宗教机构，又是一个政治机构。在这位君主逝世至法国大革命这段时期，信仰逐渐削弱，教士和人民逐渐彼此疏远。这个变化源于种种原因，在此不一一列举。18世纪末，法国教士仍拥有财产；他们仍介入所有国家事务；但是全体居民的思想正从各个方面摆脱教士，教会作为政治机构的作用，已远远超过宗教机构作用。

要想使当今的英国人明白法国贵族当时状况，并非易事。英国人的语言中没有一个词语可将 noblesse（贵族阶级）这一法国旧概念精确表达出来。nobility（贵族）一词比 noblesse 含义略多，而 gentry（绅士）一词则不足。aristocratie（贵族）也不是一个不加注释就能使用的词。aristocratie 一词的通俗含义一般是指各上层阶级的整体。法国贵族阶级是一个贵族团体；但是如果说仅仅它便构成了国家的 aristocratie（贵族），那就错了；因为在它左右还有同它一样有教养，同样富裕，而且几乎同样有影响的一些阶级。因而当时法国贵族之于今天的英国贵族，乃是种对于属的关系；它形成一个 caste（种姓），而非一个 aristocratie（贵族）。在这点上，它和大陆上所有贵族阶级相似。这并非说在法国人们不能通过捐官或国王恩准而被封为贵族；但敕封贵族虽然使一个人脱离了第三等级的地位，却不能真正将他引入 noblesse（贵族阶级）的地位。新封的 gentilhomme（贵族）可以说正停留在两个等级的界线上；比一个等级略高，比另一个等级略低。他从远处望见那唯有他的子孙才能进入的福地。事实上，出身才是贵族阶级吸取成员的唯一源泉；人们生而为贵族，却不能变为贵族。

散布在王国地域上的近 20000 个家族构成这个巨大的团体，这些家族自称在他们之间拥有某种理论上的平等，这种平等是建立在出身的共同特权之上的。亨利四世说："我只不过是我的王国的第一贵族。"这句话绘出了 18 世纪末法国贵族中仍盛行的精神。不过，在贵族之间仍存在种种巨大差异；有一些人还拥有大宗地产，另一些人在父亲的庄园周围几乎找不到维生之计。一些人在宫廷度过他们一生中绝大部分光阴；另一些人则在外省的深处，自豪地保持着世代相传的隐身匿迹生活。对一些人，习俗打开了国家的显职高位的道路，而对于另一些人，当他们达到了不高的军阶以后，便心满意足，安静地回到他们的家中，再也不出来。

若要忠实地描绘贵族等级，就不得不采用繁多的分类方法；必须区分佩剑贵族与穿袍贵族，宫廷贵族与外省贵族，旧贵族与新贵族。在这个小小社会中，可以找到同全社会（小社会只是它的一部分）中几乎同样多的差异和阶级。不过，人们在这巨大团体内仍可看到有某种一致精神。它使整个团体都遵守某些固定的规则，按照某些一成不变的惯例治理，并维持某些全体成员共有的思想。

和中世纪所有其他贵族阶级一样，法国贵族从征服中诞生，昔日享受过和它们同样多而且可能比它们还多的巨大的特权。法国贵族内部包含了几乎全部知识和全部社会财富：它拥有土地并统治居民。

但是，18 世纪末期，法国贵族只不过徒有其名而已；它既丧失了对君主的影响，也丧失了对人民的影响。国王依然从贵族中遴选政府主要官员，但是他这样做是本能地遵守旧惯例，并非承认一种既得权利。很久以来就不再存在那种能使君主为之震慑、能向君主要回一部分治理权的贵族了。

贵族对人民的影响则更小。在国王与贵族团体之间存在天然的姻亲关系，因此，他们本能地，甚至在不知不觉之间，就彼此接近。但是贵族与人民的联合却非自然而然之事，只有极大的灵活性和不懈的努力才能使之生效并维持下去。

真正说来，贵族要想保持对人民的影响，唯有两种方法：统治人民，或与人民联合起来，以便节制那些统治人民者，换言之，贵族必须继续当人民的主人，或变成人民的首领。

法国贵族远非其他阶级的首领，无法和其他阶级一起反抗王权的专横，相反，正是王权过去与人民联合，展开反对贵族专制的斗争，随后，正是王权与贵族阶级联合，迫使人民服从。

另一方面，贵族很久以来就不再参与政府的具体事务，经常是由贵族领导国家的一般事务：他们指挥军队，担任大臣，充斥宫廷；但是他们并未参与真正的行政管理，即参与同人民直接发生联系的事务。法兰西贵族在自己的城堡里闭门不出，不为君主所知，与四周的居民格格不入，社会每天都在运动，而法兰西贵族纹丝不动。在他周围，是国王的官吏，他们进行审判，制订捐税，维持秩序，为居民谋福利，并领导居民。贵族对黯淡闲散的生活感到厌倦，他们仍然有大宗财产，遂来到巴黎，在宫廷生活，这里乃是显示他们伟大之处的唯一舞台。小贵族迫不得已定居外省，过着游手好闲的生活，他们一无所为，令人厌烦。这样，在贵族中，一些人虽无权力，但凭籍财富，本来能够取得对人民的某种影响，却甘愿远离人民；另一些人被迫与人民为邻，在人民眼里，他们却暴露出贵族制度——他们仿佛是唯一代表——的无用和累赘。

法国贵族将公共行政管理的细务交给别人，一心追求国家的显要官职，这就表明，法国贵族热衷于权力的表象甚于权力本身。中央政府是天高皇帝远。对外政策、一般法律对于每个公民的处境和福利的影响，只是间接的，常常是看不到的。地方政府却与他们天天见面，不断地在那些最敏感的地方触及他们；它影响所有细小利益，而这些正是人们对生活的深切关心的组成部分；它是人们敬畏的主要对象；它把人们的主要期望都吸引到自己身上；它通过无数无形的锁链将他们缚住，在不知不觉中带领他们。正是在治理村庄中，贵族奠定了后来用以领导整个国家的权力基础。

对于那些尚存的贵族来说，可庆幸的是，力图摧毁贵族的那股势力，并不比贵族本身更了解贵族权力的这一奥秘。对我来说，假如我想在我这里摧毁强大的贵族，我绝不费力去清除国王身边的贵族代表；我绝不急于进攻贵族最显赫的特权；绝不首先对贵族的立法大权提出异议；而是使贵族远离穷人的住宅，防止贵族对公民的日常利益发挥影响，宁可容许贵族参与制定国家的普遍法规，也不让贵族控制一座城市的警察；宁可把社会重大事务交给贵族处理；我让贵族保持飞黄腾达的外表，却从贵族手中夺走人民的心——权力的真正源泉。

然而法国贵族还保持一定数量的权利，使他们高高在上，有别于其他公民；但是人们很容易发现，在他们先辈的特权中，法国贵族只保留了那些使贵族令人憎恨的特权，并未保留那些使贵族受人爱戴或敬畏的特权。

贵族享有向军队输送军官的专有权利。无疑，贵族要是保持某种个人能力或强有力的团体精神，输送军官本是一种重要特权。

但是法国贵族既不具备前者，也不具备后者，他们在军队里和在任何地方一样，只不过是国王手中的被动工具。他们只想从国王那里得到晋升和恩宠，在战场上，像在宫廷里一样，取悦国王。我所讲的那种权利，对贵族家族有利，而对作为政治团体的贵族阶级则毫无用处。在一个基本上崇尚武功、军事荣誉历来被视为最高俸禄的国家，这一特权激起了对享有特权者猛烈的仇恨和无法平息的嫉妒。它没有使士兵听命于贵族，却使士兵成为贵族的天敌。

出身贵族的人免缴一部分捐税。而且，他们对领地居民每年还征收大量名目繁多的杂税。这些权利并没使贵族的财富增长多少，却使他们成为仇恨与嫉妒的众矢之的。

对享有特权者来说，最危险的特权是金钱特权。人们一眼就能看出这种特权的范围有多大，等看清楚时，便十分不快。金钱特权所产生的金额有多少，它所产生的仇恨就有多少。追求荣誉、渴望领导国家的人，为数不是太多，但是不想发财致富的人却少而又少。许多人对谁在统治他们可以不闻不问；但是对其私人财产的变化漠不关心的，却寥寥无几。

因此，金钱特权比起权力特权来，所给无几，却危害更大。法国贵族宁取金钱特权而舍弃其他，结果从不平等中保留下的是些有害无益的东西。他们折磨人民，使人民贫困，而没有统治人民。他们在人民中出现，好似受君主宠幸的外国人，而非领路人和首领；他既无可赐与，便无法靠期望来维系众心；他们只能取得事先确定的、在一定程度上一成不变的数额，因而只招人憎恶，而毫不使人畏惧。

除了带来收益的权利外，法国贵族还保持有大量纯荣誉性的标志；这就是爵位、公共场所中某些确定座位、穿戴某种服装、佩带某些武器。这些特权有一部分昔日曾为贵族势力的天然附属物；另一部分则是在这种势力衰弱后作为其损失的补偿产生的；这两部分特权不仅无益，而且有害。

当权力的实在内容已被抛弃，还想保住权力的外表便是玩弄危险的把戏；生气蓬勃的外表有时能支持衰弱的躯体，但最常见的是，躯体最终被压垮。表面强大的人，只足以引人憎恨，却不足以抵抗仇恨的侵犯。正在崛起的力量和正在衰落的力量都必须谢绝荣誉权利，而不要去追求它们。只有基础稳固、力量雄厚的权威，才可以使用荣誉权利。

我对法律和惯例的论述同样适用于舆论。

现代贵族已经抛弃了他们祖先的大部分思想，但是其中有许多极其有害的思想，他们却顽固地坚持着；这些有害思想中为首的，就是禁止从事工商业的偏见。

这种偏见产生于中世纪，当时，占有土地和统治人民是同一件事务。在那时，不动产财富的概念与有权有势的概念紧密地连结在一起；相反，纯动产财富的概念意味着地位低下和软弱。尽管从那个时代以来，占有土地与进行统治再也不是一回事，其他种类的财富激增，具有崭新的重要性，然而舆论依然如故，产生偏见的那些原因已经没有了，偏见却还存在。

结果呢，贵族家庭和其他所有家庭一样，面临破产的危险，却失去了发财致富的共同手段。从整体看，贵族阶级不断贫困化；他们抛弃了通向权力的直接道路后，也离开了能通向权力的间接道路。

不仅贵族不能依靠工商业发财致富，而且习俗禁止他们通过联姻将如此得到的财富占为己有。娶富家平民之女，贵族认为降低身份。可是结成这类性质的婚姻，在他们并非罕见；因为他们的财产比他们的愿望下降得更快。这种庸俗的联姻使贵族阶级某些成员富裕起来，最后却使贵族阶级本身失去了仅存的名声威力。

在赞扬这些人超越了偏见以前，必须注意他们的动机。要对之下判断，必须立足于采取行动者自己的观点，而非立足于真理的普遍绝对的观点。如果人们认为公众舆论错误，所以反其道而行之，这肯定是件有德行的好事。但是，对于人类道德来说，因某种偏见妨碍自己而鄙弃它，这与因某种正确思想危及自己便抛弃它同样危险。贵族阶级起初认为娶平民女儿会降低身份，这是错误；继而持此信念而与平民联姻，这可能是更大的错误。

18世纪，有关替代继承财产的封建法律依然有效，但是这些法律只能给贵族财产提供微弱的保护。

我认为，这些法律的影响经常被夸大了。我想，要产生巨大效果，这些法律需要有特殊环境，而法律无法产生这些特殊环境，这不取决于法律。

当贵族并不因热衷于发财致富日夜操心，而国民中的其他阶级也差不多满足于上帝安排给他们的命运时，替代继承权在思想风尚方面所起的作用，终于造成整个社会的麻木和停滞。平民丝毫没有比贵族更多的机会去获得财富，而贵族也没有机会失去他们的财富，因此，所有的好处都落在贵族手中；每一代人轻易地占着上一代人的位置。

但是如果除贵族外，所有的人都在设法发财致富，那么在这样的国家中，贵族阶级的财产很快就成了其他阶级力图攫取的共同猎物。每个人都会利用贵族的无知、冲动与弱点，争先恐后地拼命将贵族拥有的大量非生产性财产纳入普遍的商业活动中。不久,贵族阶级自己也会迫不及待地参与这种活动。

既然平民只有拿财富这一共同特权来反对他们的敌手所享受的五花八门的特权,他们当然会在贵族眼前炫耀所有的豪华富足。他们变成贵族模仿的对象,既要学他们的阔气,又不知钱从何来,于是很快就产生经济拮据,其收入赶不上需求。他们终于将保护他们的法律视同敌人,竭尽全力逃避法律。我决不是说,在当时,替代继承法没有延缓贵族的破产;但是我认为,替代继承无法阻止贵族的破产。法律按某一方向起经常作用,但还有一种比法律更活跃的东西,按相反方向起经常作用,这就是人类的冲动。

大革命爆发之际,法国的法律仍规定几乎全部家产归贵族的长子,贵族长子有义务将家产原封不动地传给后代。可是大量来源于封建的领地已经脱离了贵族阶级之手,其他许多领地已被瓜分。在贵族内部,不仅可以看到极富与极贫的人,这种现象与贵族的存在并不矛盾,而且还可以看到一群既不贫也不富、拥有中等财产的个人:这种形势已经与民主制相似,而不与贵族制相似。若仔细考察贵族阶级的结构,就会发现,真正说起来,贵族构成一个与其他阶级对立的具有贵族权利的民主团体。

但是,在法国威胁着贵族生存的危险更多来自贵族周围及贵族外部发生的变化,而非来自于其内部发生的变化。

随着法兰西贵族财富日蹙、权力丧失,国内另一个阶级迅速占有财产并靠近政府。贵族阶级因而在两方面都失败,他们变得绝对地和相对地虚弱。似乎要在其废墟上崛起的那个咄咄逼人的新阶级,已取名第三等级。

要让英国人懂得法国贵族是怎么回事是十分困难的,同样要向英国人说明第三等级指的是什么,也绝非易事。

人们一开始可能认为,在法国,中等阶级构成第三等级,它介于贵族和人民之间,实际并非如此。的确,第三等级包括中等阶级,但是它也包括本来与中等阶级格格不入的各种成分。最有钱的商人、最富足的银行家、最干练的工业家、作家、学者同小农场主、城市小店主以及耕种土地的农民一样，均成为第三等级的一部分。实际上，非教士、非贵族的一切人都属于第三等级：在第三等级中有富人和穷人，有目不识丁的人，也有有教养的人。就其本身而言，第三等级有自己的贵族，它已包括一个民族的所有成分，或毋宁说，它自己形成一个完整的民族；它与特权等级共同存在，但是没有特权等级它照样能独立存在；它有自己的观点、偏见、信仰、国民精神。1789年第三等级下令起草的用以指示其代表的陈情书中，非常清楚地表明这点。第三等级几乎与贵族阶级一样担心与对方混在一起；它宣布反对以金钱为代价敕封贵族，因为这会使第三等级的某些成员混进贵族行列。在三级会议召开前夕举行的选举中，原来要在第三等级中投票的著名化学家拉瓦锡，被从选举团中除名，理由是，他已购得有资格受封贵族的职位，因而丧失了与平民一起投票的权利。

这样，第三等级和贵族杂处在同一块土地上；但是它们形成两个彼此迥异的民族，尽管生活在同一法律下，彼此却形同路人。在这两个民族中，一个在不断恢复自己的力量，并获得新的力量；另一个则每日有失无得。

法兰西国民中这个新民族的产生，威胁着贵族阶级的生存；贵族生活在完全孤立中，这对于贵族来说是更大的危险源泉。

第三等级和贵族之间存在的这种彻底分裂状态不仅加速了贵族阶级的衰亡，它还会摧毁法国的整个贵族制度。

贵族制度的产生和维持并非偶然；和所有其他事物一样，贵族制度也服从于某些也许并非不可能发现的固定规律。

无论在什么社会里，人们中间存在着一定数量独立于人们制定的法律之外的真实的或约定的财富，这种财富在其性质上，只能属于少数人所有。在这些财富中，我把出身、产业和知识置于首位；所有公民都高贵、有教养和富足的那种社会状况是不可设想的。我所说的财富彼此间是非常不同的，但有一共同特点，即只能在少数人中分配，并由于同一原因，使所有拥有财富的人具有与众不同的爱好和排他思想；这些财富因而形成同样多的贵族成分，这些成分无论是分散的或集中在同一些人手中，却始终存在于各个历史时期的所有民族内。当所有具有这类特殊优越条件的人，都同心协力从事治理工作时，就会有一个强有力而持久的贵族制度。

18世纪，法国贵族内部只拥有这些贵族制天然成分中的某些成分；若干成分存在于他们之外。

贵族自我孤立于富足和有见识的平民之外，认为自己始终忠实于他们先辈的榜样。他们没注意到，当他们模仿其先辈的做法时，他们正背离了先辈曾达到的目标。在中世纪，出身确实是全部社会权利的主要来源；但在中世纪，贵族是富有的，他还把有学问的教士召到他身边；整个社会都交给这两种人，而当时人们认为社会应当如此。

但是到了18世纪，许多有钱人不是贵族，许多贵族不再富有；在知识方面，同样可以这样说。第三等级因此组成了作为贵族阶级的一个天然部分，却与主体相分离；由于它不支持主体，不可能不使之削弱；而且对主体作战，必然把主体摧毁。

贵族的排他性不仅使第三等级的首领们脱离贵族阶级的总的事业，而且还将使所有期望有朝一日变成第三等级的人脱离。

大部分贵族阶级已经死亡，这并非因为贵族阶级在世上建立不平等，而是因为贵族阶级要永久维持不平等，使一些个人得利，使另一些个人受害。人们憎恨的是某种不平等，而非一般的不平等。

也不能认为，贵族阶级灭亡最经常是由于贵族特权的泛滥；相反，倒是这些巨大的特权，支持了贵族阶级。假如每个人都相信有一天能进入杰出人物团体，那么，这团体权利之大，一定会使它在尚未跻身其间者眼中变得无比珍贵。这样，连这个制度的弊病本身也成了它的力量；且别说，进入贵族的机会是微小的：只要目标树高，这也无关紧要。最吸引人心的，不是小小成功的可靠性，而是飞黄腾达的可能性。如果增大追求的目标，你就不怕减少得标的机会。

一个穷人并非不可能最终掌权的国家，比起那些穷人没有希望掌权的国家来，更易于将穷人永远排除在政府之外；以为有朝一日能被召掌权，这种臆想中的高升的念头，不断地使穷人看不见他的真实苦难。这是一种完全凭运气的赌博，可能的赢头之大吸引着他的灵魂，全然不顾输的可能。他爱贵族就像爱买彩票一样。

法国存在的不同贵族成分间的这种分裂，在贵族内部布置下某种内战局面，从中获利者唯有民主力量。第三等级主要成员受到贵族阶级的排挤，因此，为了对贵族阶级作战，不得不依靠一些用得着的时候有用、其效力本身却很危险的原则。第三等级本是贵族阶级的一部分，它反抗贵族阶级的另一部分，被迫宣扬平等的普遍思想，以便同与之敌对的不平等的特殊思想斗争。

在贵族阶级内部，不平等也每天遭受攻击，即使不是在原则上，至少也是在它的某些不同运用上。佩剑贵族傲慢地斥责穿袍贵族，穿袍贵族则抱怨佩剑贵族享受的优势地位。宫廷贵族喜欢嘲笑乡村贵族的微小领主权利，而乡村贵族则对廷臣享受的恩宠感到愤怒。出身古老贵族世家的贵族看不起敕封贵族，敕封贵族则嫉羡前者的尊荣。不同种类特权者之间的所有这些非难指责，都损害着特权的总利益。人民对其头领们的辩论冷眼旁观，只从他们的言词中取出对己有用的东西。在国民中逐渐传播唯有平等才符合事物的自然秩序的思想；组织一个治理良好的社会应根据包含于平等之中的简单普遍的思想。这些理论一直深入到贵族的头脑中，他们虽然还享受着特权，却也开始把拥有特权视为一种福份，而不视为体面的权利。

一般来说，习俗比法律跟随思想更紧。贵族制的原则在政治社会中还占上风，风尚却已经变成民主的，在被立法分割开的人们之间，建立起无数各种各样的联系。

对促进公民社会这种混合格外有利的是作家每日每时所争得的地位。

在财富是贵族制的唯一基础或仅仅主要基础的国家里，金钱除了能给所有社会都带来享乐之外，还能带来权力。有了这两种好处，金钱便将人的全部想象力都吸引过来，而且可以说，金钱最终变为人们追求的唯一荣耀。在这类国家里，文学一般不大发展，因之文艺才能并不吸引公众的注意。

在血统贵族统治的民族中，人们看不到为获取财富而迸发的这种普遍冲动。人类心灵不会受同一欲望单方面的推动，而是欢迎人类爱好的天然多样性。假如这些民族文明开化，其中必有大量公民珍惜精神享受，并推崇制造精神产品的人们。许多雄心勃勃的人蔑视金钱，由于出身平民不爱经商，遂避而研究文学，文学研究成了他们的归宿，他们追求文艺荣誉，这是他们可以得到的唯一荣誉。这样，他们在政界之外，为自己创造了一个无可争议的显赫地位。

　　在有钱就有权的那些国家里，人的重要性或多或少与他拥有的财富有关，而财富每时每刻都会丧失和取得，因此贵族成员终日都在提心吊胆，生怕丧失自己占有的社会地位，生怕其他公民瓜分贵族特权。政界盛行的这种经常变动性，使贵族成员的灵魂处于永久不安的状态。他们只能忐忑不安地享受其财富，急急忙忙地抓住财产带来的福利。他们不断用不安的眼光打量自己，看看到底丢失了什么。他们向所有其他的人投射充满疑惧与嫉妒的视线，以便发现他们周围是否发生了什么变化。某个地方发生的一切，都会引起他们不安。

　　唯独建立于出身之上的贵族阶级，看到在它之外闪光的东西不太经心，因为贵族阶级拥有一种优势，依其性质，既不能被瓜分，也不会丧失。人可变富，但必须生来就贵。

　　法国贵族历来向作家伸手，乐于与作家接近。18 世纪尤其是这样：这是个闲散的时代，贵族阶级几乎和平民一样，被免去了治国职责，而知识正在传播，给大家带来了文学娱乐的高尚情趣。

　　路易十四统治下，贵族尊重和保护作家；但真正说起来，贵族并未与作家搀合在一起。他们分别形成两个阶级，彼此间经常接触，但却从不混同。到 18 世纪末，形势改观。并不是说作家已被允许分享贵族的特权，也不是说作家在政界已获得公认的地位。贵族阶级并没有召唤作家加入贵族行列，而许多贵族却置身于作家的行列。文学因此变成一个中立地带，平等便栖身于此。文人和大领主在这儿相会，并不互相寻衅，也不互相害怕，在这世外桃源，盛行着一种想象的民主，在这里每个人都回复其天然优势。

这种形势虽对科学和文学的飞速发展十分有利，却远不能满足致力于科学和文学的人们。确实，他们占有显赫的地位，但这种地位并未明确，总是引起争议。他们分享大领主的喜悦，但大领主的权利始终没有他们的份。贵族和他们相当靠近，使他们能具体看到出身所赋予的所有好处，但贵族还和他们保持相当的距离，以致他们无法分享或品尝这些好处。在作家的眼前仿佛放着一个平等的幻影，当他们靠近想抓住它，平等即行消失。这样，贵族阶级如此宠爱的作家们组成第三等级中最焦急不安的那一部分，他们竟然在特权者的宫殿里诽谤种种特权。

这一民主倾向不仅出现在经常与贵族交往的作家身上，而且出现在已变成作家的贵族身上。大多数成为作家的贵族高谈阔论那些在作家中间被普遍接受的政治学说；他们丝毫未将贵族精神引进文学，反而将可以称为文学精神的东西输入贵族阶级。

当上层阶级逐渐衰落，中间阶级逐步上升，一种无形的运动一天天使他们接近的时候，地产分配发生了变化，其性质格外有利于民主制的建立和统治。

几乎所有外国人都想象，在法国，地产划分只是从有关继承的法律发生变化的年代，从大多数隶属贵族的领地被没收的时期才开始的，但是，这种看法是错误的。革命爆发之际，大多数省份内，土地已被大量瓜分。法国革命只不过使个别地区的现象扩大到整个法国领土而已。

将地产聚集在某些人手中的倾向有多方面的原因，其中第一个是物质力量。征服者夺取被征服者的土地，并在少数同伙中瓜分。通过这种方式，原所有者的权利被剥夺了。但是还有其他方式，假如有人自愿出让权利。

我设想这样一个民族，其中工商品业众多，出产极其丰富，这个民族很有知识，每个人不费吹灰之力，就可以发现工商业提供的所有发财机会。我假定，通过法律、风尚、旧思想的结合，地产在这一民族之中仍是尊重与权力的主要源泉。发财致富的捷径是出卖土地，以便投资商业。相反，享受既得财产的最好方式是把钱从商业中抽回去购置土地;土地遂变为奢侈与雄心追求的目标而非贪财的对象。获取土地时,人们渴望得到的乃是荣誉与权力,绝不是收获。这样一来,小片领地依旧出售,但人们只买大片领地。因为卖主和买主的目的和地位不同。前者相形之下,是一个追求富裕的穷人;后者是有钱人,要将大量多余钱财用于享乐。

假如在这些普遍原因之上,再加上立法的特殊作用,——因为立法在有利于动产转移的同时,却使获得土地变得既费钱又困难,以致唯独嗜好拥有土地的富人,才有办法获得土地,——你便很容易明白,在这样的民族中,小片地产必将不断趋于消失,溶入数量不多的大片地产中。

随着工业手段的完善和增多,知识的传播又使穷人发现了这些新工具,我刚才描述的运动必将变得更加迅速。工商业的繁荣将更有力地促使小所有者出卖土地,这同一原因将不断创造庞大的动产,而庞大动产拥有者随后将获得大片领地。这样,地产的过度聚集现象将存在于文明的两端:当人们尚处在半野蛮状态,只珍惜,而且可以说,只认识地产时;当人类已经变得非常文明开化,并发现了无数其他方式发财致富时。

我上面绘制的图画丝毫未曾适用于法国。在法国,野蛮人征服时代,土地从未普遍、系统地在征服者之间划分,与诺曼底人侵入英国后发生的情况不同。法兰克人不如诺曼底人那样开化文明,控制暴力的技术不如诺曼底人高明。况且,法兰克人征服的年代更加久远,其影响衰退得更早。因此在法国,许多领地似乎从来就没有受封建法律支配,服从封建法律的领地似乎比其他许多欧洲国家面积要小。故而土地从未被聚集,或者至少很久以来便已停止聚集。

我们已看到,大革命以前很久,地产便不再是敬重和权力的主要源泉。同一时期,工商业的发展不太迅速,人民虽已有足够的教养来设想和追求比目前更好的处境,但他们远未获得能使他们发现成功捷径的知识。土地对于有钱人来说不再是奢侈品,与此同时,它对穷人来说反倒成为谋生之道,可以说是唯一谋生之道。有钱人出卖土地是为了方便和增加自己的享乐,穷人购买土地是为增加其富庶。地产就这样悄悄地脱离贵族之手,开始在人民手中瓜分。

随着旧的土地所有者财产的丧失,大量平民逐渐获得了财产。但是,他们花了九牛二虎之力才达到目的,而且凭借极不完善的手段。大地产因此逐日减少,却没有积聚起大宗流动财富;在大领地的原址,通过节衣缩食,惨淡经营,兴起了许多小领地。

土地分割方面的这些变化大大促进了不久即将爆发的政治大革命。

有些人认为无需在公民社会中引入某种平等,就能在政治领域中永久确立彻底平等,我看这些人犯了一个危险的错误。我想,谁也不能不受惩罚地使人们时而极强,时而极弱,让人们在一点上达到极端的平等,在其他点上却忍受极端不平等,这样一来,不用很久人们肯定会渴望全面强大或者变得全面软弱。但是一切不平等中最危险的,是由于不分地而产生的不平等。

拥有土地赋予人们以某些特殊的思想和习惯,认识这些极为重要,而拥有动产是不会或很少产生这些思想和习惯的。

大地产以某种方式使财富的影响限于某个地方,使它在某些地点,对某些人发挥特殊作用,影响更大、更持久。动产的不均使一些个人富有;不动产的不均使一些家族富足,它使有钱人彼此联系,把几代人之间也联合起来,并在国家中建立一个单独的小民族,他们在自己所在的大民族中,总能获得某种凌驾于大民族之上的权力。对民主制政府最为有害的恰恰是这些东西。

相反,对民主制统治最为有利的,莫过于将土地划分为小块产业。

拥有少量动产的人几乎永远或多或少地仰赖于他人的情绪。他必须或者屈从于某一联合会的规章,或者屈从于某个人的意愿。他要服从于国家工商业命运的最细微变迁。他的生活不断被富裕与穷困的无常变化所打乱,这些支配他命运的动荡,很少不引起他思想的混乱,不经常改变他的爱好。小土地所有者则相反,只听命于自身的动力;他的范围狭窄,但他在其间活动自由。他的财富增长缓慢,但却丝毫不受意外风险的影响。他的精神与他的命运一样平稳,他的爱好与他的劳作一样有条不紊;正因为不依靠任何人,所以他将独立精神置于贫穷之中。

人们不会怀疑,大量公民心中的这种精神安定、这种安静和这种单纯的欲望,这种习惯和这种对独立的爱好,大大有利于民主制度的建立和维持。对我来说,当我看到,在社会地位存在极端不平等的人民中建立起民主制度时,我将这些制度看作是暂时事件。我相信,有产者与无产者处在危险之中。有产者冒着猛然丧失财产的危险,无产者则面临猛然丧失其独立的危险。

欲达到民主制政府的民族所期望的是,不仅他们内部不存在财富的极大的不平等,而且尤其重要的是,不动产在这种财富中并不居支配地位。

18世纪末,在法国,权利与地位的不平等原则仍专制地支配着政治社会。法国人不仅有一个贵族制,而且有一个贵族阶级,这就是说,在以不平等为基础的所有政府制度中,法国保留了最专制的,而且我敢说,最顽固的政府制度。要为国家服务,必须是贵族。没有贵族身分,人们便很难接近国王,繁文缛节禁止平民接触国王。

各种制度的具体规定与这种原则是一致的。替代继承、长子继承权、佃租、行会师傅身份,所有旧封建社会的残余依然存在。法国有国教,国教的神父不仅像某些贵族制国家一样是特权者,而且是排他性的统治者。像在中世纪一样,教会是一部分领土的所有者,干预政府。

然而在法国,很久以来,一切都已朝着民主迈进。不愿停留于表面现象的人,一定愿意回想一下教士在道义上的无能状态,贵族的贫困和衰落,第三等级的财富和知识,地产独特划分的既成事实,大量的中等财产,少量的大产业;回想起那个时代那些公开宣扬的理论,那些心照不宣但几乎公认的原则;我认为,如果有人把所有这些多种多样的事实归纳概括,必定能得出这样的结论:当时这个有着贵族、国教、贵族制法律和惯例的法国,总的来看,已经是欧洲真正最民主的国家;而18世纪末的法国人,由于他们的社会状况、公民组织、思想风尚，已远远超过了当今最明显地趋向民主的那些民族。

第二部分

18世纪的法国和当今的法国相去不远，并不仅仅是由于不平等状态。其他许多我们认为是崭新的民族面貌特征，当时已经隐约可见。

可以一般地说，没有比贵族制更有利于地方行政制度的建立和维持久远了。

在贵族阶级占有的领土的各个地点上，每一处总可以找到一个或若干个贵族，他们由于出身与财富，天然地高人一等，取得或接受治理权。在一个地位平等的社会里，公民间大致平等，他们自然要将行政细务即政府本身，委托给高出于群众之上、引人注意的那个人。即使他们不准备把这项责任委托给他，他们也常常由于个人的软弱和难于和睦相处，而不得不容忍他掌权。

的确，当一个民族一旦接受了人民主权原则，当知识在那里已经普及，当治国科学已臻完善，在人们已经尝到过集权的政府的苦头时，就会经常看到居住外省和城市的公民们如何在他们中间努力创建某种集体政权，来处理他们的自身事务。有时，最高权力在特权的重压下，试图使公共行政地方化，采取多少有点奥妙的手段，企图在领土的不同地点人为地建立某种选举贵族制。实行民主制的国家，人民凭本能就被推向中央集权制。他们只有凭深思熟虑才能走到地方自治制度。但是这样建立起来的地方自治总要冒极大风险。在贵族制的国家，不管中央政权如何，地方政府却经常存在，无需中央政府介入便能生存。在民主制的国家，地方政府常常是中央政权创造的，中央政权允许人们夺去它的某些特权，或者它自愿放弃某些特权。

民主的民族中这种中央集权的自然倾向，主要出现并明显增长在斗争与过渡时期,在这时期中,两种原则争夺事务领导权。

当人民开始成为一种力量,并且发现贵族领导着所有地方事务时,便攻击地方政府,不仅作为地方政府,而且特别作为贵族政府加以攻击。地方权力一旦从贵族阶级手中夺过来,应该交给谁便成了问题。

在法国,独揽地方权力的不仅有中央政府,而且有国王。其原因值得探讨一下。

我认为,社会的民主部分有一种中央集权的自然愿望;但我绝不认为人民的志趣会把行政权自然而然地集中于国王一人之手。这要依形势而定。当人民有选择自由时,它永远宁愿将行政权力委托给一个集体或民选的行政官,而不愿将它委托给一个人民无法控制的国王。但是,人民却经常缺乏这种自由。

当社会的民主部分开始感觉到自己的力量并要崛起之际,它仅仅由众多的个人组成,他们同样软弱、同样无力,孤立地与贵族阶级的强大个体进行斗争。它具有那种不要任何治理工具而进行统治的本能欲望。这批为数众多的个人,由于极其分散,又极不善于联合,本能地感到需要在他们自身和贵族阶级之外的某个地方,找到一种已经组成的力量,他们无须共同协商,就能在这个力量周围齐心合力,依靠全体联合,便能获得他们每一个人所缺乏的那种力量。

不过,民主制远未在法律上组织起来,在贵族阶级之外,人民能够利用的已经组成的唯一权力就是国王。国王与贵族之间无疑存在着天然的类似之处,但并非完全一致。如果他们的爱好相似,他们的利益却经常对立。因此转向民主制的民族通常从增加王权的权限开始。国王激起的嫉妒和惧怕比贵族要小;何况,在革命时代,使权力易手已算是了不起的事了,哪怕只不过是剥夺一个敌人的权力,为把它转交给另一个敌人。

英国贵族的杰作是使社会各民主阶级长期地相信共同敌人是国王,因而使贵族终于变成了各民主阶级的代表,而不再是他们的主要对手。

一般来说,只有在依靠国王、彻底摧毁贵族阶级之后,民主的人民才向国王讨还他们让国王占用的权力，并努力使国王依附自己，或将授与国王的权力转为依附权力。

但是即使当社会的民主阶级终于将行政权置于他们真正的代表手中之后，要划分行政权的行使时，他们也往往非常难于办到：或是因为难于从当权者手中夺取权力，或是因为难以知晓委托谁来使用权力。

民主阶级在自己内部，总能找到大量有教养和精明强干的人材，足以组成一个政治议会或中央政府，但是却可能找不到足够的人才组织省政府；外省人民可能并不愿听任贵族阶级统治，而人民尚无能力实行自治。在等待这一时机到来时，人们不能不将行政权的行使委托给中央政权。

况且，刚刚摆脱贵族控制的人民要花很长时间，才感到有必要习惯于中央集权。

在长期屈从于贵族制的国家里，每个属于下层阶级的个人，自幼便养成一种习惯，要在周围寻找一个最引起他羡慕或畏惧的人。同时，他将中央政府看作他与当地压迫者之间的当然仲裁者，并且往往赋予中央政权以超凡的神明与智慧。

产生这两种现象的那些原因已经消失后，现象本身继续存在。

贵族制被摧毁后很久，公民们仍怀着某种本能的畏惧，注视着在他们身旁发生的一切；他们很难相信身旁就有明智与公允的司法，以及备受尊重的法律。过去他们嫉妒高踞于他们之上的人，现在则嫉妒他们的左邻右舍与他们平起平坐。最后他们仿佛彼此害怕起来，他们不再认为中央政府能保护他们免受贵族的暴虐，于是又把贵族视为防止他们自己越轨行动的保护人。

由此可见，实行民主制社会的民族，开始几乎总是集中权力于国王一人；后来当他们具有必要的力量和毅力时，他们便打碎这个工具，并把这些权力转到一个依附于他们自己的当局之手。

由于他们更加强大，更有组织，更有教养，他们便更进一步从他们的一般代表那里收回部分行政权，委托给次一级代理人。看来这就是那些按其社会状况、思想风尚，而被推向民主制的社会所走的道路，这是出于本能的，也可以说是必由之路。

在法国，王权扩及公共行政的一切对象，是与民主阶级的诞生和逐渐发展相关联的。随着社会地位更趋平等，国王也就更加深入更加经常地插手地方政府；城市和各省失去了它们的特权，或逐渐忘掉使用特权。

人民和第三等级竭尽全力促进这些变革，他们往往自动让出自己偶然拥有的权利，目的是与贵族的权利同归于尽。这样，省级政府和贵族权力以同一方式同一时间被削弱。

法国历代国王在这种趋势中，大大得力于法学家在几个世纪内给与他们的支持。在法国这样的国家，存在着特权等级——贵族与教士，他们集中了部分知识和几乎所有国家财富，民主制的天然首领便是法学家。在法国法学家要求以人民的名义亲自统治以前，他们一直积极地从事毁灭贵族以利王权的工作；他们表现出出奇的灵巧和无穷的技艺，屈从于国王的专制愿望。而且，这种现象并非法国所独有；可以相信，法国法学家在为王权服务时，既遵循着他们固有的本领，同时也照顾到他们偶然成为其首领的那个阶级的利益。

居维叶说道，有机体的所有各部分之间存在必然的联系，以致人们只要接触到从其中之一分解出来的一个部分，便能恢复整体。同样的分析可以用来了解支配所有事物的大部分普遍规律。

如果人们仔细研究人类有史以来世界上发生的一切，就不难发现，在所有文明国家发号施令的专制君主旁边，几乎总有一位法学家，他使君主那些专横而前后矛盾的意志合法化并加以协调。法学家们把国王对权力的普遍和无限热衷，与法学家天赋的讲究治理的条理与知识结合起来。国王能迫使人们暂时服从；法学家则有本领使人们几乎心甘情愿地长期俯首听从。前者提供强力；后者提供法律。前者靠专横跋扈掌握统治权；后者则靠法制掌握统治权。在他们会合的焦点上，建立起使人们透不过气来的专制制度；只知有君主而不知有法学家的人，只了解专制暴政的一个部分。

必须同时考虑到这两部分，才能设想出整体。

除我刚讲过的一般原因外，还存在其他若干偶然性的次要原因，它们加速所有权力向国王手里集中。

巴黎很早便取得了王国内压倒一切的独特地位。法国有一些重要的城市；但人们只看到一座大城市，即巴黎。自中世纪以来，巴黎就开始变为知识、财富和王国政权的中心。权力集中于巴黎，使这个城市的重要性不断增加，而巴黎与日俱增的强盛又反过来有利于权力的集中。国王将国家事务吸引到巴黎，而巴黎把国家事务引向国王。

法国从前是由通过条约获得或通过武力征服的一些省份组成的，长期以来这些省份彼此仍处于民族与民族间的关系。随着中央政权终于使国土的不同部分服从于同一行政制度，它们之间的明显差异逐渐消失；而随着这些差异的消失，中央政权发现更便于将它的活动范围扩展到整个国家。因而国家统一有利于政府统一，而政府统一有助于国家统一。

18世纪末，法国仍划分为32个省。13个最高法院在各省自作主张，以不同的方式解释法律。各省的政治体制五花八门。有些省保持着某种国民代议制，另一些省则始终没有实行国民代议制。有些省采用封建法；有些省采用罗马法。所有这些差异都是表面的，也可以说是外在的。真正说来，整个法国已达到只有一个灵魂的水平。从王国的这一端到另一端，流行着同样思想。同样的习俗在各地生效，同样的意见在发表；人类精神处处受到同样的培养，走向同一方向。一句话，法国人虽然有这许多省、这许多最高法院、五花八门的民法、千奇百怪的习俗，他们无疑在当时的欧洲已成为内部联系最密、必要时最能团结一致共同活动的民族。

这个由各种协调一致的成分组成的伟大国家的中心是王权，它在掌握了重大事务的领导权之后，已向最细小事务的管理权伸手。

所有强大政权都试图实行中央集权；但是，它们的成功程度取决于其固有性质。

当议会拥有压倒一切的权力时，中央集权制成为有名无实。因为只有靠法律才能实行集权。而法律无法预料一切；即使预料到一切，实行起来只有靠官员和不断的监督，而立法权对此是无能为力的。议会集中政府，却不集中行政。

在英国，议会有权插手几乎社会上所有大小事务，却没有听说行政权的集中，国家权力终究给个人意志留下很大的独立性。我想，这并非因为这个大团体天性好节制。它爱惜地方自由并非因为它尊重地方自由，而是因为身为立法权，它找不到得心应手的制服地方自由的有效手段。

反之，当行政权具有压倒一切的力量、居统治地位的人也有能力使其全部意志顺利贯彻执行时，这个中央政权便能逐渐将其影响扩及一切事物，或者至少在它自己的政体中不受任何限制。假如这个政权被置于一个一切都自然趋向中央的民族中，在这里每个公民都无法单个进行反抗，而几个人又不知如何合法地联合反抗，同时所有人几乎都有同一习惯和同一风尚，屈从于同一法规，那么人们便无从知道专制暴政的界限在哪里，无法明白专制政府在处理了国家重大事务以后，为什么不能进一步支配家庭事务。

1789年以前，法兰西呈现的便是这样一幅图画。王权已直接或间接地夺得一切事务的领导权，真正可以为所欲为了。在大多数城市和省份，王权已干净利落地取消了地方政府；在其他地方，王权也未留下更多东西。法国人则形成了欧洲民族中最统一的民族，行政程序也最为完善，后来称为中央集权的制度达到登峰造极的地步。

我刚才已阐明，在法国，政体正继续趋向专制，然而出现一个奇怪的对照：习惯和思想日益变得更加自由。自由从政治制度中消失了，但在风尚中依然保存。自由的保障愈少，它对于个人就愈珍贵，仿佛他们每个人都继承了从国家各大团体那里夺得的种种特权。

推翻主要敌手之后，王权便自动止步；王权的胜利使它变得温和，似乎进行争斗是为了夺取特权，不是为了使用特权。

如果认为在法国自由精神是与1789年大革命一起诞生的，这是人们常犯的严重错误。自由精神在任何时代一直是法兰西民族的突出特征；但是这种精神每隔一段时间显示出来，可以说是断断续续出现的。与其说经深思熟虑，不如说出于本能，来去无常，既猛烈又软弱。

从来没有任何贵族比封建时代的法国贵族在见解和行动上更高傲，更有独立性。民主自由精神从没有比在中世纪法国公社中和直至17世纪初（1614年）不同时期召开的历届三级会议中，表现出更有劲，我几乎要说更粗野了。

即使当王权继承了所有其他权力时，人们服从它，但不卑躬屈节。

必须将服从这一事实与其原因区别开来。有些民族屈从于国王的专横，因为他们相信国王有进行统治的绝对权力。另一些民族则将国王看作祖国的唯一代表，或上帝在世间的形象。还有些民族崇拜继贵族专制寡头政治而出现的王权，怀着某种夹杂着欢乐与感激的宁静心理去服从王权。在这些不同种类的服从中，无疑可以遇到一些偏见；它们表明知识不足，精神谬误，却并不表明心灵卑下。

17世纪法国人与其说是服从国王，不如说是服从王权；他们服从国王不仅因为他们认为国王强大，而且因为他们相信国王仁慈合法。假如我可以这样说的话，他们对服从有一种自由的爱好。因此他们在服从中搀入了某种独立、坚定、微妙、任性和易怒的成分，这些成分足以说明，他们在接受一个主人时，仍保持自由精神。尽管这位国王能任意支配国家的财富，但他在约束人们最细微的行动或压迫最微不足道的舆论上，却常常会显得无能为力；一旦出现反抗，臣民得到风尚的庇护，比自由国家的公民常常得到的法律保障更有效。

但是，过去一贯自由的民族，或后来变成自由的民族，是不能理解这些感情和思想的。前者从未体味；后者久已遗忘：二者在服从专横权力中，只看到可耻的卑躬屈节。在那些尝到过自由而后又丧失自由的民族中，服从确实永远具有这一特征。但是，在从未获得自由的民族的服从中，常常贯穿着一种必须承认的道德观念。

18世纪末，法国人始终引为特点的独立精神格外发扬光大，其性质完全改变。法国人的自由概念在18世纪经历了一番改造。

自由实际上能够以两种形式在人类精神中产生。它可以是共同权利的使用或特权的享受。人们想在行动中或某些行动中自由，并非是因为所有的人均有独立的普遍权利，而是因为每个人本身拥有保持独立的特殊权利，这便是中世纪人们所指的自由，在贵族制社会，人们也几乎总是这样理解自由。在贵族社会，社会地位极不平等，人类精神一旦习惯于特权，便将尘世所有财富的使用权列入特权范围。

既然这种自由概念只与设想出这一概念的人，或至多与他所属的阶级有关，它便能在缺乏普遍自由的国家里存在。有时甚至发生这样的情况，众人所得到的对自由的必要保障越少，某些人对自由的珍爱反而更强烈。物以稀为贵。

在接受这种贵族式的自由概念的人口中，产生了对个人价值的狂热感情和对独立的强烈爱好。它赋予利己主义以某种能量，某种出奇的力量。这种概念虽由个别人设想出来的，但它常使人们作出最卓越的行动；当它被全民所采纳时，便创造了前所未有的最伟大的民族。

罗马人认为，在人类中间，只有他们才应享有独立；他们相信这个自由权绝非来自天性，而是来自罗马。

按照现代概念，即民主概念，而且我敢说按对自由的准确概念，每个人既然从自然得到了处世为人的必备知识，那他生来便有平等而不可剥夺的权利，在只涉及他本人的一切事务上，独立于他人之外，并有权任意支配自己的命运。

自从这种自由概念深入人心并牢牢扎根时，独裁专横政权只不过是一种物质现象或暂时偶然现象罢了。因为每个人既然对自己拥有绝对权利，那么，最高意志只能来自全体意志的联合。从此，服从也失去了它的道义性，在公民那雄壮自豪的美德与奴隶那卑下自得之间，再也没有中间道路。

随着人民中地位平等化，这种自由概念必然要占上风。

然而，法国久已脱离中世纪，思想风尚久已朝民主方向转变，但封建贵族的自由概念仍被普遍接受。每个人在保护个人独立不受政权约束时，着眼于保卫个人的特殊权利而非承认普遍权利；在斗争中，他们依靠的不是原则，而是事实。15世纪某些思想冒进的人曾窥见自由的民主概念，但它几乎立刻消失了。只有在18世纪，才能说发生了变化。

每个个人，推而广之，每个民族，均有支配自身行为的权利；这个仍很模糊、定义不全面、表达欠妥的观念，逐渐被引入所有人的思想。它以一种理论的形式凝固在有教养的阶级中；它仿佛像一种本能流传到民间。其结果是出现了奔向自由的更强大的新冲动：法国人对独立的一贯喜爱遂变为有根有据的系统主张，这种主张逐步推广，终于把王权也拉向自己一方。王权在理论上永远倾向专制，但它开始在行动上心照不宣地承认，权力莫大于公众感情。路易十五说道："任命大臣的是我，但将他们免职的是国民。"路易十六在狱中追述他最后的也是最隐秘的思想，在谈起他的臣民时，仍称他们为我的同胞们。

人们在18世纪才第一次听到谈论普遍的人类权利，人人能把它们作为合法的、不可改变的遗产要求平等享受；听人谈到普遍的自然权利，每个公民都应加以利用。

大革命前20年，1770年，当马尔泽尔布代表王国主要法庭之一讲话时，他对国王说道：

"陛下，您的王冠只得自上帝；但是，您没有理由不欣然相信，您的权力也来自于臣民的自愿服从。在法国存在着某些属于国民的不可侵犯的权利；您的大臣们焉敢对您否认这一事实；倘若必须证明这一点，我们只有提出陛下本人提供的证据。不，陛下，人们尽管费尽气力，也未能使您信服法兰西国民与被奴役人民之间，无任何差别。"

他后来又说道：

"既然所有中间团体均软弱无力或已被摧毁，那就请询问国民自己吧，因为唯有国民才能聆听尊旨。"

此外，这种热爱自由的感情是通过著作，不是通过法令，是通过个人努力,不是通过集体业绩,往往是通过幼稚的、无理性的反对,而不是通过严肃系统的反抗表现出来的。

舆论的力量就连那些常常压制它的人也不得不承认,但这种力量强弱无常,大起大落:头一天强大无比,第二天几乎难以捉摸;它永远毫无节制,变化多端,难以确定:它是没有器官的躯体;它是人民主权的影子,而非人民主权本身。

我想,在所有爱好和向往自由但还未能建立自由制度的民族中,情况都将是这样。

我并不是认为在不存在这类政治制度的国家,人们无法享受某种独立。习惯与舆论便足以办到。但是人们绝不能保证永远自由,因为他们绝不能保证永远要求自由。有些时候,即使最热爱独立的民族也甘愿将独立视为他们努力的次要目标。自由制度的最大用途在于,当人类精神不关心自由时,继续当自由的后盾,并给与自由它固有的某种植物性生命,以便人类精神到时候能回到它那里来。这些制度的形式保证人们即使一时厌恶自由,也不会丧失自由。我认为这是自由制度的主要优点。当人民执意要当奴隶时,谁也无法阻止他们成为奴隶;但我认为,自由制度能使他们在独立中支持一段时间,而无须他们自助。

18世纪末法兰西的面貌呈现下列最主要的特征:这个民族比起世界上当时存在的任何民族来,包含更少的穷人,更少的富人,更少的强者,更少的弱者;不管政治状况如何,平等这一理论已在人民的思想中扎根,对平等的爱好已掌握人心;比起任何国家来,这个国家所有各个部分联合得更为紧密,它服从一个更加集中、更加精明,更加强大的政权;在这里,自由精神永远生机勃勃,近期以来,它具有更普遍、更系统、更民主、更不安现状的特点。

假如现在我们合上历史书,让时光流逝50年,再来考察这段时间产生的一切,我们便会注意到已经发生了巨大变革。但是,在所有这些新的陌生事物中,我们很容易认出半个世纪前给我们强烈印象的那些同样特征。

人们通常夸大法国革命产生的后果。

毫无疑问，从未有过比法国革命更强劲、更迅猛、更具破坏性、更有创造性的革命。尽管如此，若认为从这场革命中产生出一个全新的法国民族，若认为法国革命建起一座大厦，而它的基础在革命前并不存在，那就大错特错了。法国革命创造了大量派生的、次要的事物，但它只不过使主要事物的萌芽进一步发展；这些萌芽在革命以前便已存在。革命对一个重大动机产生的结果加以整理、协调和法制化，但它不是这个动机本身。

在法国，社会地位已比任何国家更加平等；大革命加强了平等，并把平等的学说载入法律。法兰西民族早于所有其他民族并比它们更加彻底地抛弃了中世纪的分裂与封建个性；革命终于将国家的不同部分统一起来，形成一个单一整体。

在法国，中央政权已比世界上任何国家更严密地控制地方行政。大革命使中央政权更加灵活，更加强大，更有所作为。

法国人比其他人更早、更清晰地构想出自由的民主思想；革命给与国民本身即使还不是主权的全部实际，至少也是主权的全部外表。

假使这些是新事物，那只是就形式，就发展而言，而不是就原则，就本质而言。

即使没有这场革命，革命所作的一切也会产生，对此，我深信不疑；革命只不过是一个暴烈迅猛的过程，借此人们使政治状况适应社会状况，使事实适应思想，使法律适应风尚。

法国人从旧国家中保留了哪一部分？构成教士、第三等级、贵族的那些成分，后来变成了什么？哪些新的划分取代了旧君主制的那些划分？贵族的和民主的利益采用了哪些新的形式？土地财产发生了哪些变化，这些变化的原因产生了哪些后果？国民的整个思想、习惯、风俗、精神，发生了何种变革？